MANUEL
DU
DESSINATEUR LITHOGRAPHE.

PAR

G. ENGELMANN

Directeur de la Société Lithographique

de MULHOUSE.

à Paris,

Chez l'Auteur, rue Louis-le-Grand, N.º 27.

1822.

MANUEL

du

DESSINATEUR

LITHOGRAPHE

Manuel du DESSINATEUR LITHOGRAPHE

ou

Description des meilleurs moyens
à employer pour faire des dessins sur pierre
dans tous les genres connus.

suivie

D'une instruction

sur le nouveau procédé
du Lavis Lithographique

PAR

G. ENGELMANN

Directeur de la Société lithographique
de Mulhouse

À PARIS

Chez l'Auteur, Rue Louis-le-Grand, N.º 27

1822

Introduction.

La Lithographie est si généralement
employée aujourd'hui , et les applications que l'on en fait sont si multipliées , que je crois rendre un service
essentiel au grand nombre de personnes qui s'en occupent , en leur
indiquant les moyens les plus faciles ,
les plus sûrs et les plus prompts *d'exécuter des Dessins sur pierre* , selon les
différentes manières auxquelles ce
genre se prête. En leur communi-
quant ce que j'ai appris de l'expérience , depuis que j'ai donné à un art
presqu'inconnu jusque-là en France ,
des développemens importans , j'as-
pire à leur épargner un tems précieux,
qu'autrement elles consacreraient peut-
être à des essais infructuéux.

Leur rendre le travail moins difficile

et plus agréable, applanir, autant qu'il est en moi, les difficultés qui se présentent lorsqu'on emploie des matériaux nouveaux, tel est le but que je me propose. Il m'est permis de croire que les lumières que j'apporterai sur cette matière, mettront ceux qui ne repousseront point mes avis, à même de perfectionner leurs ouvrages, autant du moins que leurs études préalables leur en donneront la faculté. C'est surtout en les initiant à la connaissance du procédé que j'ai découvert et auquel j'ai donné le nom de *lavis*, ou *aqua tinta Lithographique*, que je leur ferai faire un pas immense vers la perfection. L'amélioration, la supériorité des Dessins, exécutés par les personnes que j'ai fait participer aux avantages de mes découvertes, viennent à l'appui de mon assertion.

Sans vouloir juger les intentions de ceux qui ont tenté de me priver du fruit de mes recherches, en prétendant que d'autres avant moi avaient connu et fait connaître le procédé du *lavis lithographique*, je puis affirmer, avec toute vérité, que, malgré les tentatives réitérées de plusieurs Lithographes de divers pays, aucun dessin n'avait été fait au *lavis*, avant ceux qui étaient au nombre des produits de mon Etablissement exposés au Louvre en 1819. Ce n'est qu'en 1820, que, recueillant mes idées et les mettant à profit, d'autres personnes ont publié des ouvrages qui pouvaient avoir quelque ressemblance avec les miens ; mais dans cette discussion, où il s'agit de mon intérêt personnel, mon témoignage serait peut-être insuffisant, c'est donc à M. Mérimée que je laisse le soin de répondre à ceux qui me disputent le mérite d'une invention utile. Voici le rapport (1) qu'il adressait à la Société d'Encouragement en 1821 :

---

(1) Extrait du 149ᵉ bulletin de la Société d'Encouragement pour l'industrie nationale.

« Messieurs ,

» Vous savez par expérience que
» les encouragemens accordés aux
» découvertes ou aux perfectionne-
» mens qui paraissent les plus suscep-
» tibles d'heureuses applications, ne
» sont pas toujours justifiés par les
» résultats ultérieurs.

» Il y a souvent une distance im-
» mense entre l'invention d'un pro-
» cédé et son emploi perfectionné.
» Des obstacles impossibles à prévoir
» se découvrent au moment de l'ap-
» plication, retardent pendant long-
» tems le succès dont on se croyait le
» plus assuré , et quelquefois même
» s'y opposent invinciblement.

» Aussi , quelle satisfaction ne
» devez-vous pas éprouver lorsque
» vous voyez prospérer un établisse-
» ment dont vous avez encouragé la
» formation !

» Cette douce récompense de vos

» soins vous est offerte aujourd'hui
» par M. *Engelmann.* Vous lui accor-
» dâtes , en 1816 , une médaille d'ar-
» gent (1); il vient vous soumettre de
» nouveaux produits dont la perfec-
» tion justifie les espérances que vous
» aviez conçues de ses talens.

» Vous nous avez chargés, MM. *Jo-*
» *mard* , *Humblot* et moi , d'examiner
» les gravures qu'il vous a présentées
» et de visiter son établissement. Je
» vais avoir l'honneur de vous rendre
» compte , au nom de mes collègues ,
» des perfectionnemens qui nous ont
» paru les plus remarquables.

» Les essais que M. *Engelmann*
» présenta en 1815 ne permettaient
» pas de douter que la Lithographie
» ne dût parvenir à un haut point de
» perfection , du moment que des
» hommes habiles voudraient y con-

(1) *Bulletin* N° CXLVIII , quinzième année ,
page 242.

» sacrer leurs talens ; et le genre du
» crayon surtout devait leur en ins-
» pirer le désir , à cause du peu de
» difficulté qu'il présentait en appa-
» rence : aussi nos artistes les plus dis-
» tingués s'empressèrent-ils de crayon-
» ner quelques dessins sur la pierre ,
» d'où , par un polytypage merveil-
» leux , ils étaient ensuite reproduits
» en un nombre considérable de con-
» tre-épreuves identiques.

» Ce genre de Lithographie devait
» donc être le plutôt perfectionné ;
» cependant , à cette époque , il était
» encore bien loin du point où il a été
» porté depuis : aussi , dans le rap-
» port que M. le comte *de Lasteyrie*
» vous fit le 10 décembre 1815 (1) , il
» vous disait que *la Lithographie , qui*
» *parait un art si simple aux yeux de*
» *ceux qui ne l'ont examinée que super-*

------

(1) Ce rapport a été inséré au *Bulletin* N° CXXXVIII,
quatorzième année, page 290.

» *ficiellement , présente , dans l'exécu-*
» *tion , des difficultés , dont plusieurs*
» *avaient été jusque-là insurmontables ;*
» *que même les plus habiles artistes de*
» *Munich , quoiqu'ils fussent guidés*
» *par une expérience de quinze années ,*
» *échouaient encore fréquemment lors-*
» *qu'il s'agissait de dessins délicats.*

» En effet , à cette époque on ne
» pouvait pas répondre du succès
» d'une planche, et on n'en tirait qu'un
» petit nombre de bonnes épreuves.
» La pierre mouillée ne repoussait
» pas toujours le noir d'impression ;
» il se formait des taches qui deve-
» naient plus sensibles à chaque tirage;
» le noir débordait les traits sur les-
» quels le rouleau doit le fixer , et
» lorsque les hachures du dessin
» étaient serrées , elles n'offraient plus
» en peu de tems qu'une masse de
» noir. Comme on n'avait pas encore
» trouvé le moyen de retoucher , il
» fallait abandonner la planche , ou

» se résoudre à n'en tirer que des
» épreuves défectueuses ; d'un autre
» côté , on voyait disparaître en partie
» des travaux légers qui n'avaient pas
» contracté assez d'adhérence avec la
» pierre.

» Ajoutons à cela que les premières
» épreuves étaient toujours perdues ;
» elles ne servaient qu'à détacher de
» la pierre toute la matière du crayon
» restée à sa surface. Les épreuves ne
» commençaient à être bonnes que
» lorsque la pierre était complétement
» nétoyée.

» Aujourdhui , aussitôt qu'on a
» décomposé par une liqueur légère-
» ment acide la matière savonneuse
» employée pour former le dessin sur
» la pierre , on la dissout au moyen
» d'un peu d'essence de térébenthine
» et on l'enlève entièrement , de sorte
» que la pierre paraît nue comme au
» moment où elle vient d'être polie ;
» mais le rouleau fait bientôt repa-

» raître tout le travail , en déposant
» le noir d'impression partout où le
» savon lithographique décomposé a
» laissé un peu de matière grasse dans
» les pores de la pierre.

» Enfin , quoique l'on soit encore
» obligé de laisser reposer la planche
» après un certain tems , elle sert
» beaucoup plus long-tems qu'autre-
» fois , et lorsque l'on commence à
» s'apercevoir de quelque altération ,
» on peut en arrêter les progrès en
» nétoyant la pierre , comme on le
» fait avant de commencer le tirage.

» La gravure imitant la taille-douce
» offrait bien plus de difficultés en-
» core , et exigeait un long appren-
» tissage pour être pratiquée avec
» succès. Le plus habile graveur même
» n'aurait pu se flatter de réussir du
» premier coup ; car , quoiqu'il soit
» bien plus difficile de manier le burin
» que de manier la plume , l'usage de
» l'un n'emporte pas nécessairement

» la faculté de se servir de l'autre.
» D'ailleurs , des obstacles matériels
» augmentaient la difficulté. L'encre
» lithographique s'étend sur la pierre
» polie au point que , dans les com-
» mencemens , on ne pouvait faire des
» traits déliés qu'en se servant du
» pinceau ; il fallut donc chercher une
» préparation qui modifiât la surface
» de la pierre , de telle sorte que le
» trait formé à la plume ne s'élargit
» aucunement.

» Toutes ces difficultés ont été suc-
» cessivement surmontées , et dans
» tous les établissemens de Lithogra-
» phie bien dirigés , il y a eu des
» découvertes qui , en étendant les
» moyens de l'art , ont contribué plus
» ou moins à ses progrès.

» Mais la plus importante , à notre
» avis , est celle de l'imitation du
» lavis appliquée à la Lithographie.
» Je puis , Messieurs , vous donner ,
» à ce sujet , des renseignemens po-

» sitifs, parce que j'ai été témoin des
» circonstances qui ont accompagné
» son origine.

» Dès le tems où M. *Engelmann*
» vous fit connaître l'établissement
» qu'il avait formé à Paris, je l'avais
» engagé à faire des recherches sur les
» moyens de produire l'effet du lavis,
» et il m'avait répondu qu'il y pensait
» continuellement. Au mois de juin
» 1819, j'eus occasion de lui demander
» s'il avait trouvé quelque résultat
» satisfaisant ; il me répondit qu'il
» avait découvert un procédé fort sim-
» ple en principe, mais dont il n'avait
» encore fait aucune application, parce
» qu'il n'était pas assez familier avec
» les opérations manuelles de la gra-
» vure au lavis, telle qu'elle est pra-
» tiquée sur le cuivre. Il me décrivit
» son procédé, qui me parut d'un
» succès tellement infaillible, que je
» l'engageai à s'en assurer sur-le-
» champ, en se bornant à faire sur

» une pierre une suite de teintes dé-
» gradées.

» Le lendemain , M. *Engelmann*
» m'apporta l'essai que j'avais de-
» mandé , et je me félicite de l'avoir
» conservé, puisque je puis le mettre
» sous vos yeux. Il ne s'agissait plus
» que de trouver un artiste habile ,
» exercé à la manutention du procédé
» du lavis : j'indiquai M. *Baltard* , et
» peu de jours après un paysage aussi
» bien exécuté qu'il eût pu le faire par
» le procédé de l'*aqua tinta*, fut le
» résultat de son premier essai.

» Cet essai , mis ensuite sous les
» yeux du Jury chargé d'examiner les
» produits de notre industrie, attira
» son attention. La découverte fut re-
» connue ; mais un exemple unique
» de l'application de ce procédé ne
» lui parut pas suffisant pour en cons-
» tater le mérite. Il y a lieu de croire
» que si M. *Engelmann* eût pu, à cette
» époque, présenter les estampes du

» Voyage pittoresque de la France,
» ou l'*Album* composé par les artistes
» attachés à la manufacture de Sèvres,
» le Jury n'eût pas borné sa récom-
» pense à une simple mention hono-
» rable.

» L'application de l'imitation du
» lavis à la Lithographie nous paraît,
» Messieurs, une découverte d'une
» haute importance; elle perfectionne
» le genre du crayon, en donnant
» le moyen d'exécuter les parties les
» plus délicates, telles que les ciels
» dans le paysage, que l'on ne pou-
» vait bien exécuter même avec une
» adresse et une patience extrêmes.
» Dans beaucoup de circonstances,
» telles que la représentation des ma-
» chines ou de l'architecture, ce pro-
» cédé est infiniment préférable à celui
» du crayon. Quant à son exécution,
» il offre, pour la promptitude et la
» facilité, les mêmes avantages que
» la Lithographie présente dans tous

» les genres de travail qui lui sont ap-
» plicables.

» Dans le procédé du lavis sur cui-
» vre, lorsqu'on applique de l'eau-
» forte pour produire une teinte, on
» ne peut juger de l'intensité de cette
» teinte qu'en l'estimant par la durée
» du tems que le métal reste soumis à
» l'action de l'acide. Dans le lavis li-
» thographique, on voit distincte-
» ment l'effet de la teinte à mesure
» qu'on la produit : aussi celui qui est
» au fait du procédé de la gravure au
» lavis sur cuivre, ne peut manquer
» de réussir la première fois qu'il es-
» sayera le lavis lithographique....

» Vous n'attendez pas, sans doute,
» Messieurs, que nous énumerions
» tout ce que les ateliers de M. *Engel-*
» *mann* nous ont offert d'intéressant ;
» nous ne pouvons cependant passer
» sous silence un nouveau système de
» presse qui économise le tems, au
» point d'obtenir un produit double.

» **On** y a adapté un compteur , qui
» n'embarrasse aucunement le mou-
» vement et peut être fort utile. Cette
» presse n'est appliquée qu'à des
» pierres de petite dimension. Si ,
» comme nous avons lieu de le croire,
» elle réussit également en grand ,
» elle devra être regardée comme un
» perfectionnement important.

» **En** voyant le haut degré de per-
» fection où la Lithographie est par-
» venue, ne serait-on pas tenté de
» croire que l'art n'a plus rien ou
» presque rien à désirer ? **Nous** som-
» mes loin de vouloir ainsi assigner
» des bornes au génie ; mais nous nous
» croyons fondés à penser que l'art
» peut se contenter des moyens qu'il
» a maintenant à sa disposition , et
» nous présumons que si la **Lithogra-**
» phie doit faire de nouveaux progrès,
» on les devra principalement à l'ar-
» tiste ingénieux qui consacre tout son

» tems et toutes ses facultés à la per-
» fectionner.

» D'après ces motifs, nous croyons,
» Messieurs, que M. *Engelmann* s'est
» acquis de nouveaux droits aux ré-
» compenses par lesquelles vous si-
» gnalez les perfectionnemens utiles
» aux arts. En conséquence nous
» avons l'honneur de vous proposer :

» 1° De lui témoigner la vive satis-
» faction que vous fait éprouver le
» succès de son établissement ;

» 2° De renvoyer le présent rapport
» à la commission que vous chargerez
» de vous désigner ceux qui ont le
» plus de droit aux médailles d'encou-
» ragement que vous accordez annuel-
» lement aux auteurs des découvertes
» les plus importantes. »

DESCRIPTION SOMMAIRE

D E

LA LITHOGRAPHIE,

AVANT de passer à la description détaillée des moyens à employer pour produire sur la pierre les divers genres de dessins dont la lithographie est susceptible, il est nécessaire de faire connaître les bases sur lesquelles cet art repose, et l'on ne peut mieux y parvenir qu'en transcrivant ici un extrait du rapport lumineux que M. Castellan fit à l'Académie des Beaux-Arts en 1816, sur l'origine, les principes et les progrès de la lithographie (1).

(1) Rapport sur la Lithographie et particulièrement sur un recueil de dessins lithographiés par M. Engelmann.

2

Messieurs,

» Il a été soumis à l'Académie Royale des Beaux-Arts, dans sa séance du 3 août 1816, un recueil de dessins lithographiés par M. Engelmann de Mulhausen (Haut-Rhin).

» Le même artiste avait déjà adressé à la Société d'Encouragement un mémoire imprimé, auquel il avait joint plusieurs de ces dessins. Cette société a fait, le 20 décembre 1815, un rapport honorable pour M. Engelmann, et dans lequel on le félicite sur ses succès et on l'exhorte à poursuivre l'entreprise qu'il a si heureusement commencée. Depuis, cet artiste paraît avoir non-seulement perfectionné ses procédés, mais y avoir fait d'utiles innovations.

» Les gravures, ou plutôt les dessins présentés à l'Académie, étant le fruit d'un art nouveau, qui, né en Allemagne, répandu dans presque toute l'Europe, était à-peu-près inconnu en France, ont paru, Messieurs, mériter toute votre attention, et pouvoir devenir l'objet d'un sérieux et profond examen : c'était le moyen de juger du dégré d'utilité de ce procédé, qui ne tend à rien moins qu'à multiplier les productions originales des arts du dessin.

» L'Académie a donc cru devoir nommer une

commission (1) pour examiner les essais litho-graphiés par M. Engelmann, et faire un rapport sur l'origine, les progrès et les résultats de cet art nouveau. C'est le travail que nous allons, Messieurs, mettre sous vos yeux ; mais, bien que nous parlions ici devant des artistes consommés dans toutes les parties des arts , comme il s'agit d'un procédé qui, se liant par quelques points à ceux qui vous sont connus , s'en écarte absolu-ment dans beaucoup d'autres points, nous avons besoin, pour être parfaitement compris , de beau-coup d'indulgence et d'un peu d'attention, que nous mettrons tous nos soins à ne pas fatiguer. Cependant pour être clair , nous avons besoin d'entrer dans des développemens que nous ne nous permettrions pas, Messieurs, sur tout autre sujet qui vous est familier, et pour lequel nous nous estimerions heureux de recevoir vos leçons.

» Au reste, la commission ne s'est pas bornée à examiner attentivement les dessins qui lui ont été présentés, et à suivre tous les procédés de l'impression et du tirage des planches ; elle a fait encore des recherches sur le mécanisme de

---

(1) Cette commission était composée de MM. Heur-tier (architecte) ; Regnault et Guérin (peintres d'histoire) ; Desnoyers (graveur). M. Castellan en était le rapporteur.

la lithographie; et plusieurs d'entre nous ayant opéré par ce nouveau moyen, nous pouvons offrir à l'Académie le résultat d'observations tout à la fois théoriques et pratiques.

» L'industrie naquit, dit-on, de la nécessité, et les inventions humaines se sont long-tems bornées aux simples besoins de la vie. Ce n'est qu'en les faisant servir à ses jouissances que l'homme les a tant multipliées.

» Cependant, lorsqu'on réfléchit au sort de la plupart des découvertes modernes, on ne saurait trop s'étonner du long aveuglement qui a fermé les yeux de nos devanciers aux plus simples vérités, ou plutôt de leur inaptitude à saisir les applications d'idées et d'actions d'un usage habituel, et dont on aurait peut-être toujours ignoré les conséquences, si le hasard n'avait déterminé l'impulsion vers un but jusqu'alors inconnu. Car il n'est que trop vrai que cette aveugle déité nous met le plus souvent sur la voie d'une découverte; une fois arrivés, nous sommes surpris d'avoir fait tant de détours, lorsqu'il n'y avait qu'un pas entre le premier principe et ceux qui en découlent si naturellement.

» Bientôt la science s'empare de cette œuvre du hasard, la féconde, en embrasse à-la-fois la cause et les effets, en coordonne les rapports, et en fait jaillir de nouvelles applications.

» L'art de la gravure, ou plutôt celui de multiplier les œuvres du dessin au moyen de planches gravées, a parcouru ces degrés successifs.

» Les anciens gravaient en creux et en relief
sur le bois, les métaux et les pierres les plus
dures : ils tiraient des empreintes de tous ces
objets, et, chose qui doit paraître étonnante, ils
n'ont pas découvert l'imprimerie et la gravure
en taille douce.

» Il était cependant fort simple d'enduire les
traits saillans de leurs reliefs avec une couleur,
ou d'en emplir les caractères, les chiffres ou les
hiéroglyphes gravés en creux, puis d'en tirer des
empreintes sur le papyrus, les peaux ou les
étoffes.

» On prétend que les Égyptiens possédaient
ce secret, il et n'est pas douteux que les plus anciens peuples de l'Asie ne l'aient pratiqué avant
nous; mais nous ne devons pas ici nous engager
dans une discussion étrangère à notre sujet.

» Quoi qu'il en soit, le hasard plus que le
calcul paraît avoir fait naître, au commencement
du XIV⁰ siècle, les premiers essais de la gravure
en bois , destinée d'abord à multiplier des figures
grossières, qui se sont transmises, presque sans
aucun changement jusqu'à nos jours, dans les
cartes à jouer.

» Nous voyons ensuite un orfèvre de Florence,

Maso-Finiguerra, habile dans la ciselure, et qui, pour juger de toute la délicatesse de son travail, tire avec du soufre liquéfié l'empreinte de traits creusés au burin sur le métal. Cet artiste observe que cette contre-épreuve offrait l'apparence d'un dessin ; il imagine alors d'emplir ses tailles d'une couleur noire broyée à l'huile, et de recevoir cette nouvelle empreinte sur un papier humecté et pressé sur la planche au moyen d'un rouleau.

» Voilà tout l'art de la gravure en taille-douce découvert au même instant, et la pratique de plusieurs siècles ne lui a rien fait gagner sous le rapport mécanique.

» Aussi cet art précieux fait bientôt de rapides progrès, étend ses applications, se subdivise en un nombre presque infini de procédés, qui tendent tous à imiter, en les multipliant, les œuvres du dessin, et même font de la gravure un art presque rival de la peinture.

» Cependant jusqu'à nos jours les peintres n'avaient que rarement employé la gravure pour multiplier eux-mêmes leurs productions : ses procédés, quelques variés qu'ils fussent, ne leur offraient pas dans la pratique cette facilité et cette rapidité d'exécution à laquelle ils étaient habitués dans le maniement du pinceau et du crayon. L'emploi du burin leur demandait trop d'étude, celui de la pointe trop de soin, les autres moyens

d'opérer, une foule de manipulations qui las-
saient bientôt leur patience.

» Enfin un homme ingénieux se présente, et
leur propose un crayon et une encre avec lesquels
on peut tracer des dessins qui se contre-épreu-
vent plusieurs milliers de fois, sans rien perdre
de leur netteté et de leur vigueur. D'abord l'artiste hésite et ne fait que des traits timides; pre-
nant ensuite plus de confiance dans ces nouveaux
agens, il s'enhardit, flatté du prix qu'on promet
à sa persévérance; il trace alors des dessins plus
arrêtés, qu'il peut même retoucher à volonté;
enfin il voit avec surprise que, sans l'intermédiaire d'une main étrangère, qui, quelque habile
qu'elle soit, ne peut néanmoins remplir l'office
de sa propre inspiration, il voit, dis-je, son
ouvrage, son propre ouvrage multiplié comme
par enchantement, sans que le moindre trait,
la plus légère trace manque à cette copie, presque aussi fidèle que l'image répétée par un
miroir.

» Certes cet art, qui n'en est plus un puisqu'il n'a pas besoin d'être appris, qui peut être
pratiqué par quiconque sait dessiner, et qui offre
la plupart des avantages de la gravure, ce procédé, disons nous, a des droits à toute notre
attention, et nous devons rechercher avec quelque intérêt son origine et suivre ses progrès.

» Nous avons déjà dit que le hasard plus que
le calcul avait présidé à la naissance de la plupart
des inventions modernes : la lithographie en est
une nouvelle preuve. Aloys Sennefelder, chan-
teur des chœurs du théâtre de Munich, observa
la propriété qu'ont les pierres calcaires de retenir
des traits formés par une encre grasse, et de les
transmettre, dans toute leur pureté, au papier
appliqué fortement à leur superficie; bien plus,
il reconnut qu'on pouvait répéter le même effet
en humectant la pierre et en chargeant les mêmes
traits d'une nouvelle dose de noir d'impression.

» Sennefelder apprécia dès-lors, et c'est en
cela qu'il est le véritable inventeur d'un nouvel
art, il apprécia, dis-je, tout le parti qu'on
pouvait tirer de la découverte d'un principe
dont les conséquences étaient désormais faciles
à tirer. Cet homme ingénieux méritait d'être
encouragé par son gouvernement; aussi obtint-
il, en 1800, du roi de Bavière, un privilége
exclusif pour l'exercice de son procédé pendant
l'espace de treize ans. L'ayant cédé ensuite à ses
frères, il porta, en 1802, son invention dans la
capitale de l'Autriche, et obtint un nouveau
privilége; mais, inconstant dans ses idées, il
retourna bientôt à Munich, et y forma, avec
M. le baron d'Aretin, un établissement lithographique, qui s'est toujours soutenu depuis.

et où l'on grave encore de la musique et des recucils de modèles de différens genres.

» La ville qui est le berceau de la gravure sur pierre est aussi celle où l'on s'est le plus occupé de cet art, et l'on a vu s'y former successivement plusieurs ateliers lithographiques : l'un où l'on grave les cartes du cadastre de la Bavière; l'autre, établi à l'école gratuite de dessin, est destiné à multiplier les modèles qu'on donne aux élèves. Cette école est dirigée par M. le professeur Mitterer, auquel on est dit-on, redevable du dessin au crayon sur pierre.

» Mais MM. Manlich et d'Arctin, jugeant que ces divers établissemens n'avaient point pour but le perfectionnement de la lithographie, en formèrent un, qu'ils ont consacré spécialement à accélerer les progrès de cet art.

» M. Manlich, voulant même que ces essais ne fussent pas inutiles, entreprit de faire copier, par le nouveau procédé, la plupart des dessins des grands maîtres qui se trouvent dans la collection du roi de Bavière, collection dont ce monarque lui a confié la direction.

» Cependant la lithographie se répandit dans le reste de l'Allemagne; en 1801, on en fit quelques essais à Stuttgard, mais ils furent si faibles, qu'en 1808 on n'avait encore exécuté que cinq ou six planches : depuis on y a perfectionné

divers genres. Cet établissement peut être regardé
comme l'un des plus avancés, et le graveur
Strohofer est un de ceux qui ont fait le plus
grand nombre d'essais dans le Wurtemberg.

» Ce n'est qu'en 1807 que la lithographie pé-
nétra en Italie. Ce fut M. Dalarmé de Munich qui
y fonda les établissemens de Rome , de Vénise
et de Milan.

» La lithographie prend tous les jours une
nouvelle extension; elle est pratiquée en grand
en Russie , et il paraît même qu'elle est également
ment en usage aux Etats-Unis d'Amérique.

» Comme l'inventeur fit connaître son procédé
à MM. André d'Offenbach, ceux-ci s'empressè-
rent de le répandre l'un en France, l'autre en
Angleterre. L'établissement de Londres a beaucoup prospéré, et les Anglais ont donné à ce
procédé le nom de *polyautographie*, c'est-à dire,
art qui donne un grand nombre de dessins auto-
graphes.

» M. André vint à Paris, en 1807, et il vendit
le secret du procédé lithographique à plusieurs
artistes. M. Choron, correspondant de l'Académie, fut un des premiers qui en eurent connaissance, et il l'appliqua à la gravure de la musique,
M. Baltard, connu avantageusement dans les
arts, acheta aussi ce procédé; mais tous deux,
dégoutés par les demi-aveux qu'ils avaient obte-

nus sur la composition de l'encre et des crayons
lithographiques, ne donnèrent pas beaucoup de
suite à leurs essais, et il ne resta de ces premières tentatives qu'une nouvelle application
des principes litrographiques imaginée par M.
Duplat, habile graveur en bois. Cependant
M. Manlich fit, en janvier 1810, hommage à
la classe des Beaux-Arts de l'Institut, d'une
collection de gravures lithographiques fort bien
exécutées, par MM. Strixner et Piloty, d'a-
près les dessins originaux d'Albert Durer, de
Michel-Ange, de Raphaël etc. , tirés du cabinet
du roi de Bavière. Plus tard , en octobre 1814,
M. Thierch , helléniste bavarois , présenta à
la même classe une collection de portraits des
plus célèbres artistes d'Allemagne , dessinés
par le même procédé. Ces ouvrages furent vus
avec intérêt ; mais M. Manlich ayant pro-
posé au gouvernement de former en France un
établissement lithographique , l'autorisation et
les encouragemens qu'il demandait lui furent
refusés.

» Sur ces entrefaites, M. Marcel de Serres,
connus par divers écrits sur les sciences natu-
relles, fut envoyé en Allemagne par le gouvernement. Il devait y recueillir des notions utiles
sur les arts et les manufactures de ce pays ; il s'y
instruisit de tous les secrets de la lithographie.

Le résultat de ses observations a été publié (1), et nous a été fort utile.

» Cependant M. le comte de Lasteyrie, membre de la Société d'Encouragement, ayant reconnu les avantages que la lithographie offrait aux arts et à l'industrie française, fit plusieurs voyages à Munich, afin d'en prendre une connaissance exacte, et de se mettre en état de former un établissement lithographique à Paris. Il a même composé un traité dans lequel il décrit les manières et les procédés lithographiques ; mais cet ouvrage et les essais de M. le comte de Lasteyrie n'ont point été rendus publics.

» Enfin, par une fatalité qui s'attache à certaines inventions, qu'on ne sait apprécier que long-temps après leur découverte, les artistes ignoreraient peut-être encore les nouvelles ressources qui leur sont offertes, si M. Engelmann, qui avait déjà formé un atelier lithographique à l'une des extrémités de la France, n'avait surmonté toutes les difficultés pour en faire jouir la capitale, et si l'Académie, accueillant avec intérêt une invention qui doit faire époque dans les annales des arts, ne s'était occupée des moyens propres à la faire connaître et à la propager.

____

(1) Dans les Annales des Arts et des Manufactures, n^{bs} 51 et 52.

» Après avoir résumé en peu de mots les notions historiques que nous avons pu nous procu-
rer sur la lithographie, nous devons entreprendre de donner une légère idée de cet art. Ne
pouvant le faire que par analogie, ou au moyen
de conjectures plus ou moins fondées, nous n'au-
rons pas la prétention de dévoiler entièrement
des secrets dont on fait encore une sorte de
mystère, qui dérivent cependant tous de la
même théorie, quoique dans la pratique ils
semblent fournir des procédés et des résultats
différens.

» Commençons par poser les bases sur lesquelles cet art repose, et faisons connaître en quoi
il diffère des autres genres de gravure.

» Les effets produits par une trace faite sur la
pierre avec un corps gras ou résineux sont les résultats fort simples d'affinités dont on n'avait pas
encore remarqué l'influence.

» Ces effets des affinités ont trois causes.

» 1° La facilité avec laquelle l'eau imbibe les
pierres calcaires compactes, sans néanmoins que
ce fluide contracte avec elles une adhérence bien
intime.

» 2° La pénétration ou seulement la forte
adhérence que les corps gras ou résineux exer-
cent sur ces pierres.

» 3° L'affinité des résines ou des graisses pour

les corps de même nature, et l'antipathie de ces corps pour l'eau et tous les corps mouillés.

» De ces trois principes dérivent un même nombre de conséquences.

» 1° Un trait fait avec un crayon ou une encre grasse sur la pierre y adhère si fortement, que pour l'enlever il faut employer des moyens mécaniques.

» 2° Toutes les parties de la pierre non recouvertes d'une couche grasse reçoivent, et absorbent et conservent l'eau.

» 3° Si l'on passe sur cette pierre ainsi préparée une couche de matière grasse et colorée, elle ne s'attachera qu'aux traits formés par l'encre grasse, tandis qu'elle sera repoussée par les parties mouillées.

» En un mot, le procédé lithographique dépend de ce que la pierre imbibée d'eau refuse l'encre, et de ce que cette même pierre graissée repousse l'eau et happe l'encre; ainsi, en appliquant et pressant une feuille de papier sur la pierre, les traits gras ou résineux colorés seront seuls transmis à ce papier, et y offriront la contre-épreuve de ce qu'ils représentaient sur la pierre; mais pour cela, il faut la rendre susceptible de s'imbiber d'eau, et en même temps de recevoir les corps gras ou résineux avec facilité. Les acides atteignent ce premier but en attaquant la pierre dont ils détruisent le poli, et la rendent ainsi propre à se pénétrer d'eau.

» Tout corps gras est susceptible de donner une impression sur pierre, soit qu'on forme les traits avec un crayon ou une encre grasse, soit qu'en couvrant le fond avec cette matière grasse et noircie, on laisse les traits en blanc.

» Il en résulte deux procédés distincts.

» 1° La gravure au tracé, produite par la trace au crayon, de la plume ou du pinceau chargés d'une encre grasse.

» 2° La gravure entaillée à la pointe, comme on le fait sur le bois ou le cuivre.

» On obtient aussi des estampes dans le sens même de l'original, en transposant sur la pierre un dessin tracé sur le papier avec l'encre préparée.

» On en doit conclure que certains procédés lithographiques diffèrent entièrement de ceux de la gravure, et comme ils dépendent en partie d'un jeu d'affinités et de répulsions produit par des substances de différentes natures, on parviendra peut-être en les variant à produire des effets inattendus ».

Là, M. Castellan entre dans l'énumération des procédés employés dans la lithographie. Comme je me propose de leur donner plus de développement dans la partie de mon ouvrage,

où je traiterai spécialement des moyens d'exécution pour la lithographie dans tous les genres,
je me dispense de le suivre dans cette portion
de son discours pour ne pas tomber dans une
répétition fastidieuse.

M. Castellan continue ainsi :

» Il nous reste à paler du mécanisme de l'impression des dessins, c'est dans cette opération
que consiste le grand art du lithographe; M. Engelmann paraît l'avoir poussé à un haut degré de
perfection.

» Dans les premiers essais lithographiques,
les épreuves manquaient de vigueur, étaient d'une
inégalité choquante entre elles, les travaux fins
ne prenaient point l'encre d'impression, les hachures croisées en prenaient trop ; le dessin per-
dait tout son effet, et l'artiste ne reconnaissait
plus son propre ouvrage.

» Les premiers soins de M. Engelmann se por-
tèrent donc à rectifier ces défauts provenant du
peu de régularité qu'on mettait dans les préparations lithographiques. Il construisit de nouveaux instrumens qui lui permirent d'évaluer,
avec une exactitude scrupuleuse, la dose des divers ingrédiens, et dès-lors la plus grande régularité s'établit dans ses résultats.

» Il existait un autre inconvénient plus grave
encore et qui aurait fait perdre à la lithographie

beaucoup de ses partisans : c'était de ne pouvoir retoucher un dessin après le tirage. M. Engelmann y a pourvu, et désormais l'on pourra tirer des épreuves d'essai ; puis continuer son dessin, réparer les parties trop faibles, éclaircir celles qui paraissent trop noires, terminer enfin ce dessin en le poussant à la plus grande vigueur et au degré de fini le plus précieux.

» Nous avons examiné avec soin un grand nombre d'épreuves sorties des ateliers de M. Engelmann, et en les comparant les unes avec les autres et avec celles de planches gravées sur cuivre, nous avons remarqué qu'il n'y avait entre elles qu'une fort légère différence, qu'on peut attribuer au plus ou moins de soin apporté par les ouvriers dans leur travail, et qui existe également dans l'impression de la gravure en taille douce.

» Essayons d'indiquer le procédé du tirage, malgré la difficulté qu'il y a de faire comprendre la construction et le mécanisme de la presse, qui diffère de toutes celles qu'emploient les imprimeurs en caractères, en taille-douce, les dominotiers, et les imprimeurs d'étoffes.

» Cette presse consiste en une table creuse, terminée à l'une de ses extrémités par des montans qui supportent un rouleau à moulinet, la table est recouverte d'un chassis garni d'un cuir fortement tendu.

» On place la pierre dans le creux de la table et on l'y assujetit au moyen de calles et de coins, puis on la mouille avec une éponge et de l'eau pure, jusqu'à ce qu'elle en soit bien saturée.

» Ensuite on charge la planche de noir au moyen d'un rouleau de bois ou manchon recouvert d'un cuir, et qui est lui-même imprégné d'un noir d'impression extrêmement fin et compacte qu'il a pris en roulant sur un marbre chargé de cette matière. On promène ce rouleau plusieurs fois, et en tous sens, sur la pierre.

» Nous avons remarqué, dans cette opération, que le noir d'impression ne s'attache absolument qu'aux endroits sur lesquels il existe des traits ou des points qui doivent constituer le dessin, et que par-tout ailleurs ou la planche était nette et blanche elle reste telle et ne retient aucune trace d'encre.

» La pierre étant donc chargée de noir, on étend dessus un papier d'impression, bien moins humide que celui qu'on emploie pour celle de la taille-douce ; alors le châssis retombe sur la table, et par-dessus ce châssis une racle ou règle en bois qui, au moyen d'une bascule faisant agir deux leviers, exerce une pression de plus d'un millier de livres; enfin on met le moulinet en mouvement; la sangle, attachée par son autre extrémité, à la partie mobile de la table dans laquelle la pierre est placée, s'enroule sur le rouleau, et fait glisser sous cette règle la superficie du châssis ; qui sert d'intermédiaire entre elle et la pierre, et l'épreuve est imprimée. On relève alors la règle, on ouvre le châssis et on retire cette première épreuve, pour en faire sur-le-champ une seconde de la même manière, et sans déranger la pierre qu'on mouille à chaque fois.

» Pour conserver les planches lorsque le tirage est fait, on les enduit d'une couche de gomme arabique, qui les met à l'abri de l'atteinte des matières grasses et du frottement, qui pourraient gâter le dessin.'

» Lorsque la planche commence à se graisser, et que les traits ont de la tendance à sempâter, on la nétoie en passant dessus une éponge imbibée d'essence de térébenthine ; la pierre, essuyée et lavée ensuite à grande eau, paraît sans aucune trace de dessin, mais il n'y a réellement que le noir d'enlevé, et la trace résineuse ou graisseuse qui est sans couleur n'en reste pas moins empreinte dans la pierre ; aussi reproduit-on le dessin en le colorant de nouveau avec le rouleau ou le tampon chargé de noir, et les traits reparaissent plus purs et plus vigoureux qu'auparavant.

» Résumons les avantages de la lithographie.

» Si on la compare avec les différens genres

d'imprimerie et de gravure, on reconnaîtra qu'elle peut imiter à peu-près ce que ces autres arts produisent, mais qu'ils ne peuvent eux-mêmes employer avec la même facilité les divrses méthodes du tracé lithographique, qui seul donne le moyen d'obtenir des gravures authographes.

» On joindra à ces avantages ceux de la célérité et de l'économie. Le simple tracé s'exécute aussi promptement qu'un dessin, l'impression est aussi plus prompte que celle de la taille-douce, et les planches durent bien plus long-temps ; car il en est dont on a obtenu jusqu'à 5o,ooo épreuves d'un même ouvrage ; en outre les planches de bois et de cuivre ne servent guère plusieurs fois, tandis qu'il y a une si légère couche de pierre d'altérée par le tracé du dessin, qu'on grave sur la même un grand nombre de fois..... »

Enfin poursuit M. Castellan :

» Après avoir énuméré les avantages de la lithographie et les nombreuses applications qu'on en fait, on doit s'étonner que cet art ait été pratiqué pendant plus de quinze années dans presque toute l'Europe, que depuis long-temps ses productions aient été entre nos mains, devant nos yeux, et que néanmoins ce procédé ingénieux ait été repoussé avec une sorte d'affectation, malgré l'utilité qu'il offre à l'industrie,

et quoiqu'il fût reconnu qu'il l'emportait sur plusieurs genres de gravures.

» En effet, que le peintre dessine sur la pierre,
c'est lui seul qui invente, exécute avec la fou-
gue du génie ou l'amour de la perfection; c'est
son style, la manière qui lui est propre, et jusqu'à ses défauts dont il ne peut se prendre qu'à
lui-même, l'on retrouve dans son ouvrage cette
touche franche, prompte, spirituelle, qui est le
résultat, non du tâtonnement, mais celui de l'inspiration qui conduit une main créatrice.

» Loin de nous cependant l'intention de dé-
précier la gravure, cet art auquel nous devons
tant de jouissances, de véritables chefs-d'œuvre, et qui se chargeant de la destinée des productions du dessin les a immortalisées en les
multipliant. Certes, un gaveur habile est plus
qu'un traducteur ; il devient aussi créateur à
son tour lorsque, par le seul artifice du clair-
obscur et d'un procédé qui ne lui permet d'employer que deux couleurs, il parvient à faire apprécier le prestige de la lumiére et des ombres,
et à nous faire deviner presque la magie du co-
loris.

» Mais pour quelques graveurs qui possèdent
le don précieux de créer, ou tout au moins qui
sont initiés dans tous les secrets de l'art du dessin, combien cet art ne compte-t-il pas de co-

pistes qui se bornent à suivre les traces des peintres, et qui ne peuvent arriver à une sorte de perfection que par les moyens mécaniques.

» C'est à cette seule classe d'artistes laborieux, estimables, mais peu propres à étendre les ressources de l'art, que la lithographie peut faire par la suite quelque tort.

» Il en fut de même à l'époque de la découverte de l'imprimerie, qui fit tomber la plume des mains à une multitude de copistes. Cependant on n'en proscrivit pas pour cela l'exercice de la plus étonnante comme de la plus utile invention de l'esprit, puisqu'elle garantit à jamais l'existence du dépôt des connaissances humaines......

» Quoique la lithographie tire son origine de l'Allemagne, c'est un Français qui vient nous faire jouir de tous les avantages de cet ingénieux procédé.

» Il ne suffisait pas d'offrir dans les productions de cet art des objets de pur agrément, il fallait avant tout qu'elles eussent un but d'utilité. Telle a été l'intention que M. Engelmann a d'abord manifestée et qu'il a même déjà réalisée en publiant une suite de principes de dessin exécutés par les maîtres eux-mêmes, persuadé qu'on y retrouverait en même temps un degré de correction et une liberté de faire qui disparaissent souvent dans les copies qu'en offre la gravure...... ».

En partant des principes rappelés par **M. Castellan**, je vais maintenant, en y donnant tous les développemens nécessaires, parcourir la série des moyens d'exécution.

§ I. *Des Pierres.*

Toutes les pierres calcaires compactes et dans le cas de recevoir un beau poli, ayant une couleur claire et uniforme et n'offrant aucun défaut, sont propres à la lithographie.

Celles dont on s'est jusqu'ici accordé à reconnaître la supériorité, se trouvent en Bavière : c'est un carbonate de chaux presque pur, couleur d'argile plus ou moins jaunâtre, elles se délitent par couches parfaitement parallèles et planes de différentes épaisseurs ; elles sont presqu'exclusivement employées dans tous les établissemens lithographiques.

On a rencontré dans plusieurs départemens de la France des pierres de même nature et aussi fines que celles de la Bavière ; mais il a fallu, pour les obtenir sans défauts, les réduire à de très-petites dimensions, à cause des nombreuses fissures, cristalisations, pétrifications et autres défectuosités qui s'y trouvaient ; on a été réduit à scier des blocs considérables pour en retirer des fragmens peu importans; et la dépense occasionnée par cette extraction , dépassant les produits , les entrepreneurs ont été contraints de renoncer à leurs exploitations.

Cependant, il existe un assez grand nombre de ces pierres peu propres à la lithographie : ceux qui les possèdent, cherchent néanmoins à en faire le placement , et ce n'est que par une connaissance bien approfondie de la nature des pierres lithographiques, qu'on peut éviter d'être surpris à cet égard. Telle de ces pierres est si tendre, que l'eau que l'on passe dessus, lors de l'impression, pénètre au-dessous du crayon, l'en détache peu-à-peu, et après le tirage de quelques épreuves, il ne reste souvent qu'une trace imperceptible du dessin primitif : telle autre, au contraire, est trop dure, l'eau ne s'infiltre point assez dans ses pores, et lors du tirage il se forme, dans les parties les plus chargées d'ombres, des taches noires; enfin, il y a des pierres qui sont mal dressées. Elles offrent une surface ou concave, ou convexe, ou gauche dans quelque point; de là, des inégalités inévitables qui se manifestent à l'impression. Lorsque le dessous de la pierre n'est point parallèle avec le dessus qui doit recevoir le dessin, ou lorsque ses extrémités courbées

se relèvent et ne forment plus une ligne droite
avec le corps entier, alors elle porte à faux dans
la presse, et la rupture en a lieu souvent.

On ne saurait donc trop recommander à ceux
qu'une longue expérience n'a pas déjà rendus
habiles dans le choix des pierres, de n'en faire
l'achat que dans des établissemens investis de la
confiance publique. Ainsi ils seront assurés non-
seulement de la qualité des pierres, mais encore
de leur bonne préparation.

Les pierres exigent un poli différent, suivant
le genre du dessin qu'on y veut tracer.

Pour les dessins à la plume, au pinceau ou à
la manière de la gravure sur bois, il faut polir
entièrement la pierre, et l'on se sert à cet effet de
la *pierre-ponce*.

Pour les dessins au crayon, au contraire, les
pierres polies seraient inserviables. Il est indispensable qu'elles conservent un grain qui, faisant l'effet d'une râpe, arrache du crayon les por-
tions grasses qui se fixent au sommet des légères
élévations dont ce grain se compose. Toutefois
ce grain peut être plus ou moins fin, selon le
degré de finesse du dessin; mais dans tous les
cas il doit être égal, mordant, et surtout ne
point présenter des rayes formées par les grains
d'un *sable* mal tamisé, dont on se serait servi
pour donner à le surface de la pierre la rudesse
convenable.

Le grain d'une pierre étant composé d'aspérités presque imperceptibles à l'œil, il faut une habitude et une attention toutes particulières pour juger de sa régularité et de sa finesse : en inclinant la pierre de manière à ce que le jour, y arrivant obliquement, glisse sur sa surface, chacune des petites élévations se trouve éclairée seulement d'un côté, tandis que l'autre est dans l'ombre. Par ce simple procédé, on reconnaît l'égalité du grain, et les défauts, d'abord inaperçus, ne peuvent échapper à un semblable examen. Si la lumière tombait perpendiculairement sur la pierre, cette vérification deviendrait impossible (1).

Je ne terminerai point ce chapitre sans dire un mot des essais faits par M. Aloys Senenfelder pour remplacer la pierre. Il a composé un papier lithographique qui pourra offrir de précieuses ressources, si l'inventeur parvient à l'améliorer à ce point qu'en présentant les mêmes avantages de la pierre, sous le rapport du nombre des épreuves qu'on en peut obtenir, il présente aussi moins de difficultés au tirage. Alors

---

(1) *La pl.* 2 représente la surface d'un fragment de pierre grainée vue au microscope, et recevant un rayon de lumière dans la direction que j'indique ici.

seulement se réaliseront les espérances que cette découverte avait fait concevoir; alors seulement ce papier pourra devenir utile et d'un usage général.

§ II. *Précautions à prendre pendant qu'on travaille sur une pierre.*

Le grain des pierres destinées au dessin au crayon leur donne une propriété d'absorbtion à-peu-près égale à celle du papier brouillard, et tous les corps étrangers s'y fixent bien plus facilement que sur celles qui sont polies. Si l'on veut donc éviter le désagrément de voir paraître au moment du tirage, des taches auxquelles on ne remédie pas aisément, que souvent même on ne peut effacer entièrement, on doit prendre les précautions suivantes :

1° Il faut, autant que possible, mettre les pierres à l'abri de la poussière. Il est essentiel de ne commencer son dessin qu'après les avoir balayées avec soin, en se servant d'un blaireau neuf : on comprend que si les petites cavités que le grain même produit étaient remplies de poussière, dès-lors un corps étranger s'interposant entre la pierre et le crayon, celui-ci n'y serait pas assez adhérent, il s'en suivrait qu'au moment du tirage, plusieurs parties du travail ne viendrait pas sur le papier, et les tons les plus fins et les plus légers, tout à fait dépouillés de couleur, ne présenteraient plus qu'un effet désagréable.

2° Il faut éviter de porter les doigts sur la portion de pierre où le dessin doit être exécuté, car pour peu qu'ils fussent gras, la partie qu'ils auraient touchée pourrait attirer la couleur d'impression et des taches, s'y formeraient. Comme il est impossible de prévenir tout contact entre les doigts et les bords de la pierre. On y laisse une marge d'un pouce de largeur au moins. Cette réserve est même indispensable pour les opérations du tirage.

3° La gomme, la colle et tous les corps de la même nature, étant imperméables à la graisse, forment des taches blanches dans les places où ils arrivent avant le crayon ; il faut prendre garde qu'il n'en tombe quelques goutes sur la pierre. La salive n'y produit pas des effets moins fâcheux, elle contient des muscillages en dissolution, et laisse en séchant un sédiment imperceptible; lorsqu'ensuite on mouille la pierre, le muscillage se dissout, et le crayon dont il était recouvert, entièrement enlevé, ne laisse à sa place que des taches rondes et blanches qu'on rencontre malheureusement très-fréquemment dans les premières épreuves des dessins. Ainsi l'on doit autant que possible, s'abstenir de souffler sur une pierre ou de la tenir en face de soi lorsqu'on parle...... Si malgré ces minutieuses précautions, il arrivait que quelques goutes de salive tombassent sur la pierre, il faudrait aussitôt laver la place tachée avec de l'eau bien pure, pourvu toutefois qu'elle ne fut pas déjà chargée de travaux, car, en ce cas, l'eau répandue sur le dessin dissouderait le crayon, et ne ferait qu'étendre le mal au lieu d'y remédier.

4° Il arrive souvent que les épreuves se trouvent criblées de petits points noirs et ronds qui ne paraissent qu'au bout de quelques tirages. Ils proviennent le plus ordinairement de ces pellicules grasses qui s'échappent des cheveux. En séjournant sur la pierre, la graisse qu'elles contiennent y pénétre et ne manque pas d'attirer la couleur d'impression, de même que des points faits a l'encre lithographique. Il est presqu'impossible d'ôter ces taches dans les endroits légèrement colorés tels que les ciels et les lointains. Il est donc utile de ne pas porter les doigts dans ses cheveux, tandis que l'on travaille et il serait mieux encore d'avoir la tête soigneusement couverte.

Cependant, en époustant légèrement et fréquemment son dessin avec un blaireau neuf, on en chasse cette poussière et l'on n'a plus dès lors à craindre les taches qu'elle occasionnerait sur la pierre en y demeurant long-temps. Si le blaireau dont on se sert pour cette usage n'est pas absolument neuf, il doit au moins n'avoir touché à aucune substance grasse , car autrement l'emploi qu'on en ferait donnerait lieu à des inconvéniens plus graves que ceux qu'on voudrait prévenir (1).

---

(1) Quelques personnes s'imaginent que le soin que l'on prend de laver avec du savon un blaireau qui aurait servi pour la peinture à l'huile , permet de l'employer pour épouster un dessin lithographique; je dois les avertir que si toute la substance savonneuse n'en est pas exactement distraite , le blaireau occasionne plus de taches qu'il n'en fera disparaître.

Il semble , au reste , que les blaireaux s'engraissent facilement en ne servant même qu'à balayer des dessins au crayon sur pierre. J'ai eu l'occasion de voir un très-beau portrait qui , au moment de l'impression , n'a offert dans les parties lumineuses que des teintes grisâtres. Long-temps je ne pus découvrir la cause d'un tel effet ; enfin je vis le blaireau dont s'était servi le dessinateur et je reconnus qu'il était chargé d'une substance graisseuse qui s'y était attachée, lorsque l'artiste avait balayé, en appuyant trop , son dessin dont le fond très-vigoureux était chargé d'une grande quantité de crayon. Cela seul prouve avec quel soin on doit se servir du blaireau et s'assurer de son état.

5° La gomme élastique , grasse de sa na—
ture, et la mie de pain , qui contiennent des
substances mucilageuses, ne peuvent être, par
les raisons que j'ai déduites précédemment, employées à effacer un trait au crayon de mine de
plomb ou à la sanguine. Il ne faut se servir que
de peau blanche neuve et flexible.

6° Quand une pierre est très froide la vapeur
de l'haleine s'y condense et sa surface devient
aussitôt humide. Si cette humidité va jusqu'à former des goutes liquides sur une partie dessinée,
celles-ci dissolvent le crayon et produisent des
taches noires d'un fâcheux effet. Pour prévenir ces
accidens, il faut donner un degré de tiède chaleur
à la pierre avant de commencer le travail. On
doit prendre garde à ne la chauffer ni trop fort,
ni d'une manière inégale, si on veut empêcher
qu'elle n'éclate et ne se brise totalement.

§ III. *Premier tracé ou Décalque sur la pierre.*

Les traits formés par le crayon lithographique ne peuvent s'effacer qu'avec de grandes difficultés. Il est donc prudent de ne tracer rien sur
la pierre qu'avec une matière qui n'attire point
la couleur d'impression. C'est le seul moyen de

s'assurer que les faux traits seront sans conséquence aucune.

La mine de plomb et la sanguine ne contenant point de corps gras, sont des substances
neutres et peuvent être employées sans inconvénient aux esquisses sur la pierre : il faut cependant
ne pas trop appuyer dans les endroits qui
doivent être teintés. La trop grande quantité de
mine de plomb déposée sur la pierre empêche
le crayon lithographique, d'y pénétrer et les lignes qu'elle a formées reparaissent blanches
après le tirage. Il y a encore un autre danger à
se servir de la mine de plomb, les traits qu'elle
laisse après elle étant noirs et semblales à ceux
du crayon lithographique, il peut arriver que l'on
oublie de les repasser avec celui-ci. Il en résulte
que ces lignes que l'on croyait suffisamment dessinées ne sont point reproduites à l'impression.

Le décalque est le moyen le plus sûr et le meilleur d'arrêter son trait. A cet effet, on rape de
la sanguine sur une feuille de papier très mince ;
on l'étend avec un chiffon sur l'un des côtés du
papier jusqu'à ce qu'il soit rougi partout et d'une
manière égale. On doit continuer de frotter en
allant du centre du papier vers les bords, jusqu'à
ce que la poudre superflue soit essuyée, de manière à ce qu'en posant la surface colorée sur une

feuille blanche, elle n'y laisse de teinte que par une pression plus ou moins forte.

Lorsque le trait est dessiné sur un brouillon ou lorsque le calque en est fixé sur un papier transparent, on l'attache à la pierre avec de la colle à bouche, mais seulement dans les points où la pierre doit rester blanche. On glisse ensuite entre le dessin et la pierre, le papier rougi dont la partie colorée doit être tournée vers la pierre ; puis on suit exactement tous les traits avec une pointe émoussée ou d'acier ou d'ivoire, en appuyant toujours un peu. La pression fait détacher la sanguine, et le trait se trouve reproduit sur la pierre de la manière la plus exacte.

D'après ce que j'ai dit au chapitre II, on s'imagine bien que tous les papiers à décalquer préparés avec de l'huile ou d'autres corps gras ne peuvent être employés dans cette opération; car dans tous les endroits où ils seraient en contact avec la pierre, des taches seraient inévitables (1).

Il convient de rappeler ici aux dessinateurs sur pierre, que toutes les fois qu'il s'agit de représenter un objet qui doit venir dans une di-

____

(1) Le papier connu dans le commerce sous le nom de *papier végétal* est préférable à tous les autres, parce qu'il ne contient aucune substance graisseuse.

rection obligée, il faut alors le tracer à l'inverse, parce que l'effet de l'impression est de retourner le dessin d'un sens dans un autre. Ainsi par exemple, en faisant un soldat, on mettra le sabre, le fusil, la décoration de la légion-d'honneur à droite, pour que sur l'épreuve ils viennent à gauche. Pour plus de facilité dans cette opération, qui n'exige que quelque soin, on commence par faire son trait sur du papier transparent, on le pose ensuite sans dessus dessous contre la pierre pour le décalquer, et l'on se sert d'un miroir pour reproduire le modèle dans le sens inverse.

§. IV. *Pupitre à l'usage des dessinateurs sur pierre.*

Il est de l'intérêt des personnes qui s'occupent spécialement du dessin sur pierre, de faire construire un pupitre semblable à celui dont je vais donner la description que j'accompagne d'un modèle lithographié (1), les avantages que réunit un tel pupitre, seront bientôt appréciés sans doute par ceux qui s'en serviront.

------

(1) Voyez pl. 1 , la vue perspective et le plan de ce pupitre.

1° Par sa disposition, il permet au dessinateur de promener sa main en tous sens au dessus de la pierre sans courir le risque de rien effacer.

2° Il donne la faculté de tourner sans effort une pierre quelque lourde qu'elle soit.

3° Un miroir qui répète en sens inverse le modèle placé devant soi y est adhérant.

4° Enfin il est muni d'un couvercle au moyen duquel on peut, sans nuire en rien à son travail, le mettre à l'abri de la poussière et le dérober à la vue.

L'on fixe sur un pupitre ordinaire A , B , C, D, deux tringles E F et É F́ qui portent dans leur partie inférieure des coliers en fer dans lesquels sont fixées les quatre visses G, H, I, K; ces visses traversent des écrous enterrés dans deux autres tringles L, M, N, O; cette disposition laisse au dessinateur le moyen de hausser ou de baisser à volonté , et suivant l'épaisseur de la pierre; ces tringles qui servent de support à une planchette ou appuie-main P, Q; elle doit être tenue à une distance d'environ deux lignes de la surface de la pierre; de cette manière la main peut se mouvoir d'un bout de la pierre à l'autre, sans qu'il y ait jamais aucun frottement, aucun contact à craindre.

A la partie supérieure des pièces L, M, N,

O, est ajustée une planchette à charnières R, S, sur laquelle on pose son modèle. Les ouvertures 3 et 4 qui y sont pratiquées reçoivent les visses G, I lorsqu'on la rabat sur la partie inférieure du pupitre; une seconde planchette T, U, est attachée à celle R, S, par deux charnières, elle est pourvue dans le centre d'un miroir V, X, Y, Z, qui réfléchit en sens inverse le modèle placé sur la tablette R, S; au-dessus du miroir est fixée une corde, qui passe sur la poulie A A, et porte à son extémité un poids BB, combiné de manière à contre-balancer la pesanteur de la planchette T U, afin de conserver à la glace l'inclinaison que le dessinateur lui veut donner.

Les deux tablettes R, S et T, U, se rabattent sur les pièces L, M et N, O, et forment ainsi le couvercle entier du pupitre. En CC se trouve une mortaise qui traverse les deux pièces L, M et E, F; on y fait entrer la pièce D D, puis l'on passe un cadenas dans l'extrémité inférieure qui déborde la pièce E, F.

Au milieu de ce pupitre se trouve un plateau rond 1, 2, il est fixé, par le centre, sur un arbre de fer, et tourne sur quatre galets placés dans l'épaisseur du bois. On y pose la pierre que par ce moyen l'on peut faire mouvoir sans aucune difficulté.

§. V. *Dessin au crayon.*

Le crayon lithographique est un savon gras, noirci et porté à tout le degré de dureté possible. Chaque lithographe a sa manière de le composer ; il diffère donc de qualité selon l'atelier duquel il sort. Dès lors, il n'est pas inutile au dessinateur de s'assurer de l'espèce du crayon avant de l'employer : en se servant indistinctement pour le même dessin, de crayons fabriqués dans divers lieux, on s'expose à n'obtenir que des résultats imparfaits, parce que les crayons ainsi que je l'ai déjà dit, préparés par des mains différentes, ne sont pas d'une égale qualité. Ainsi, le travail de l'un peut paraître plus noir que celui de l'autre, tandis qu'il ne présentera pas plus de vigueur au tirage.

J'ai vu des dessins dont les parties vaporeuses étaient faites avec un crayon qui contenait très-peu de noir, et les vigueurs avec d'autre crayon plus coloré, prendre un effet tout contraire à l'impression et les ciel et les lointains devenir plus noirs que les premiers plans.

Chaque fraction de crayon déposée sur la pierre a deux fonctions à remplir, c'est :

1° D'y laisser pénétrer une partie de la graisse qui le compose afin de la rendre propre à attirer la couleur d'impression, même quand le crayon posé à sa superficie en a été enlevé.

2° De garantir son point de contact de l'influence de l'acide qu'on est obligé d'y passer avant l'impression.

Le dessinateur doit donc mettre une attention particulière à faire un travail ferme et bien adhérent à la pierre ; car on conçoit qu'autrement les parties de çrayon qui ne posent sur la surface du grain que pour ainsi dire comme de la poussière, ne résistent point à la préparation et ne produisent plus aucun effet au tirage.

Avant de commencer à dessiner, il convient de se précautionner d'une demi douzaine de crayous taillés, afin de n'être pas obligé d'interrompre son travail chaque fois qu'une pointe ou s'émousse ou se casse : les parties légères dessinées avec un crayon bien éfilé tiennent mieux et offrent plus de finesse et plus d'égalité que celles qui sont faites avec une pointe émoussée. la raison en est toute simple, plus la pointe du crayon est déliée, plus elle atteint les aspérités les moins saillantes de la pierre. Le crayon éfilé dépose en passant sur chacune d'elles, une portion de la matière qui le compose, et pesant de tout son poids sur la substance qu'il laisse après lui, l'attache plus solidement à la pierre ; il n'en est pas ainsi d'un crayon émoussé ; sa large extrémité n'atteint que les points les plus élevés, elle en embrasse plusieurs à la fois, et l'effet de la pression étant alors divisé, il est aisé de comprendre qu'il est moindre que si elle n'avait lieu que sur une seule place (1).

Plus le travail est franchement et régulièrement exécuté, plus on a appuyé également chaque trait d'un ton uni, et plus on doit espérer un résultat satisfaisant.

Il ne faut pas craindre (suivant un préjugé mal à propos accrédité) de repasser plusieurs fois sur les mêmes traits ou d'en faire d'autres pardessus en les croisant. Le second travail améliore le premier et ajoute sensiblement à sa solidité. Quelquefois lorsque l'on a porté des tons

---

(1) La planche 2 représente la partie d'un dessin fait avec un crayon très-éfilé, et la figure 4 reproduit l'effet d'un autre trait par un crayon émoussé. Ce n'est qu'en me servant du microscope que j'ai pu observer les résultats que je rends sensibles dans ces deux figures. On voit que dans la figure 3 toutes ces aspérités du grain ont reçu d'une manière plus égale le travail, que dans la figure 4 où il se trouve des lacunes remarquables. Les points A. B. C. D., moins élevés que les autres, et qu'un crayon fin n'aurait pas manqué d'atteindre, ont échappé à un crayon émoussé ou grossièrement taillé.

(56)

à un certain degré de vigueur, on éprouve de
la difficulté à y tracer des traits nouveaux plus vigoureux encore à cause de la fragilité des crayons :
pour parer à cet inconvénient, il suffit de tenir
son porte-crayon presque perpendiculairement (1). La pression qui s'opère dans cette position produit moins la rupture de la pointe du
crayon que lorsqu'elle s'exerce horizontale-
ment (2). On parvient, au reste, à faire sans peine
des traits entièrement noirs en poussant le crayon
de droite à gauche et de bas en haut (3).

Pour fixer sur la pierre le travail au crayon et
enlever en même tems de celle-ci les parties de
crayon qui n'y sont point adhérentes, on se sert
avec succès d'un tampon de peau blanche que
l'on appuie fortement sur le dessin afin de l'im-
primer davantage dans la pierre ; cette opération exige de l'adresse et des précautions pour
ne point reporter dans les endroits clairs des
fractions de crayon que le tampon aurait enlevées des parties ombrées.

En général les demi teintes les plus légères
perdent un peu à la préparation ; il est nécessaire
de les tenir d'un ton plus ferme qu'on ne désire
les obtenir au tirage.

---

(1) Pl. 2, Fig. 5. (2) Fig. 6. (3) Fig. 7.

§. VI. *Dessin à l'Encre.*

Ainsi que le crayon , l'encre lithographique est un savon noirci que l'on délaye dans de l'eau ; elle ne se conserve pas long-tems liquide. C'est la raison pour laquelle on la prépare en bâtons. Chaque fois que l'on se met à l'ouvrage , on en frotte à sec le fond d'un godet jusqu'à ce qu'il en soit couvert ; ensuite on y verse quelques gouttes d'eau de pluie , ou de préférence d'eau distillée , et l'on continue de frotter avec le bâton d'encre , jusqu'à ce qu'on ait obtenu une liqueur bien noire et passablement épaisse. L'expérience seule peut servir à déterminer le degré de fluidité le plus convenable. Ce point est d'une importance majeure, lorsqu'il s'agit surtout d'un travail précieux ; car si , d'une part, l'encre est trop liquide , elle coule facilement, et l'on éprouve plus d'obstacle à former des traits déliés et purs; de l'autre, on est exposé à l'inconvénient contraire. Trop épaisse , elle s'attache à la plume , elle y devient en quelque sorte adhérente, et ne laisse plus aucune trace sur la pierre. Pour hâter la dissolution de l'encre et l'obtenir plus parfaite , en ce qui concerne le plus ou le moins de fluidité, on doit chauffer le godet pendant qu'on la prépare.

Le travail du pinceau, exigeant une encre plus gluante que celui de la plume, j'en ai composé de deux espèces, appropriées spécialement aux deux genres de dessin. Ainsi, ceux qui s'en approvisionneront chez moi, devront me faire connaître à quel emploi ils la destinent pour que je leur fournisse la qualité qui leur convient précisément.

Une vérité dont il est nécessaire de se bien pénétrer, c'est que les dessins, exécutés à l'encre lithographique, doivent l'être par *hachures* ou au *pointillé*, que l'on emploie la plume ou le pinceau. Un dessin *lavé* ne produirait au tirage qu'un effet d'ombre chinoise. En voici la raison : ce n'est pas le noir qui est dans l'encre et dont la propriété est de rendre le travail visible, qui attire la couleur d'impression, c'est la graisse qu'elle contient et qui pénètre dans la pierre. Si donc, dans un ton clair, que l'on obtient avec une encre étendue de beaucoup d'eau, il ne se trouve point assez de graisse pour pénétrer suffisamment la pierre et pour résister à la préparation acide, il sera entièrement enlevé. Si, au contraire, une teinte contient de la graisse en assez grande quantité, elle attirera la couleur d'impression, et toute son étendue deviendra noire, quoiqu'elle ait été faite avec une encre transparente : même en dessinant par ha-

chures , il faut éviter de faire des traits gris ; ils
ne pourraient que tromper le dessinateur ; car ,
ainsi que les tons lavés, ils disparaîtraient ou de-
viendraient tout noirs au tirage , ce qui détrui-
rait, dans tous les cas, l'harmonie du dessin et
lui donnerait un air dépouillé.

Le dessin à l'encre demande beaucoup plus
d'étude-pratique et de soins que celui au crayon ;
il serait à désirer que les personnes qui veulent
s'y livrer pussent passer quelque tems dans mes
ateliers, afin d'acquérir, dans cette partie, la connaissance d'une quantité de ressources manuelles
dues à la pratique seule et dont il est impossible
de donner une juste définition par écrit.

Mais si le dessin à l'encre offre plus de difficultés que celui au crayon , il présente d'un autre
côté l'avantage inappréciable de reproduire les
objets avec plus de netteté, et de pouvoir fournir au tirage un bien plus grand nombre d'é-
preuves. Je ne crains pas d'avancer qu'un dessin
fermement exécuté à l'encre est presqu'inépui-
sable. Il en est dont on a multiplié les épreuves
jusqu'à trente et quarante mille , sans qu'on ait
remarqué une différence sensible entre les premières et les dernières.

Les pinceaux dont on se sert pour l'encre lithographique, doivent être très fins, alongés et peu
fournis ; on les élague même encore quelquefois

avec des ciseaux, de manière à ne laisser subsis-
ter que quelques poils au milieu, pour éviter
l'écartement que cette encre a la propriété de
leur faire contracter lorsqu'ils sont touffus.

Pour dessiner à l'encre lithographique, on
peut employer toute espèce de plume, suivant
le travail qu'on se propose de faire. J'ai trouvé
chez quelques papetiers des plumes de canard
qui m'ont semblé devoir mériter la préférence
pour les travaux qui exigent de la finesse. Cependant ces plumes s'usent promptement, et
celles que l'on fait avec une feuille d'acier très
mince (un ressort de montre , par exemple),
sont dans tous les cas, d'un meilleur emploi. J'ai
confectionné des plumes de ce genre; je crois leur
avoir donné toute la perfection possible, et j'offre
bien volontiers à ceux qui en désireraient, de
leur en faire préparer ou de leur enseigner le
moyen de les faire eux-mêmes.

Ces plumes étant extrêmement minces, il ne
s'y introduit qu'une très petite quantité d'encre
qui s'y dessèche incessamment. Si l'on suspend
quelques momens son travail, l'encre ne s'écoule
plus du bec de la plume sur la pierre , et cesse
de marquer. Il faut alors avoir le soin de presser
légèrement l'ouverture de la plume entre ses
doigts , ou de la frotter sur le bord de la planchette qui tient lieu d'appuie-main.

Le travail du pinceau est plus facile que celui
de la plume. L'on obtient de l'un des traits plus
délicats que de l'autre. On est de même moins
exposé à faire des taches, parce que le pinceau
ne contenant pas autant d'encre que la plume
n'en laisse pas couler aussi abondamment. Mais
à ces avantages se mêlent quelques inconvéniens ; le travail se fait avec plus de lenteur ; les
traits ne sont pas toujours assez fournis d'encre ;
enfin, le travail, en général, a moins de fran-
chise. Les personnes expérimentées sauront toutefois réunir les deux façons dans un même dessin ; elles obtiendront par ce mélange d'agréa-
bles effets. On peut également joindre de la manière la plus heureuse, l'encre au crayon. Lorsqu'avec celui-ci on a presque terminé le dessin,
on lui donne plus de fermeté dans les parties
qui le comportent, en se servant de la plume
ou du pinceau. On peut encore esquisser à l'encre un dessin d'architecture, ou tout autre qui
exige une extrême pureté, et le terminer ensuite
au crayon.

Les tire-lignes sont efficacement employés
dans les dessins à l'encre, pourvu qu'on les ait
ajustés avec soin et qu'ils soient conduits par
une main habile. Lorsqu'il arrive qu'ils ne mar-
quent plus, on introduit entre les pointes un
morceau de papier pour en détacher l'encre qui

s'y est desséchée , ou bien l'on passe la pointe du tire-ligne sur un morceau de drap , cela a le même résultat.

On exécute au pointillé des dessins à l'encre ; si le travail en est bien égal et suffisamment fourni d'encre , le tirage en vient à merveille.

Lorsque dans un dessin à l'encre , il se trouve des parties foncées , dans lesquelles on veut ménager des lumières , on le noircit entièrement , et l'on y dessine les traits brillans avec une pointe d'acier, ou avec un instrument du même genre. On peut faire de la sorte un dessin en entier. On recouvre , à cet effet, toute la pierre d'encre lithographique , spécialement préparée pour la plume. Elle a la propriété de se durcir à un plus haut degré en séchant, que l'encre préparée pour le pinceau. C'est donc la première que l'on doit employer de préférence, pourvu toutefois que l'on ait le soin de l'étendre bien également , sans laisser la matière trop épaisse à la surface de la pierre. En enduisant la pierre du vernis dont on fait usage pour la gravure à l'eau-forte, on obtiendrait les mêmes résultats. Après avoir décalqué son dessin sur la pierre , ainsi disposée, l'on attaque les parties qui doivent être lumineuses avec différens outils, au gré du dessinateur. Ils n'ont pas besoin d'être bien tranchans , et il est inutile que la pierre soit creusée ; il suffit d'avoir enlevé la couche grasse qui se trouve à sa surface. Dans les dessins au crayon l'on peut de même user de la pointe ou du grattoir pour retrouver des lumières vives dans les demi-teintes , ou pour obtenir des détails précieux dans les endroits les plus vigoureux et les plus noirs. Cependant lorsqu'on s'est servi de ce procédé , il convient d'en avertir le lithographe , parce que les parties de la pierre , ainsi enlevées, exigent une préparation plus forte et sans laquelle on courerait le risque de perdre le fruit de son travail.

§. VII. *Autographie.*

L'autographie n'est rien autre chose que la reproduction authentique d'une écriture originale ; voici comment on y procède : avec de l'encre lithographique, qui a reçu une préparation particulière, on écrit sur un papier enduit d'une matière soluble ; puis on l'humecte et l'on pose la place écrite sur une pierre que l'on passe en presse. Au moyen de cette opération, l'encre lithographique se fixe sur la pierre, la couche soluble qui la liait au papier se dissout et le laisse entièrement blanc. Cela fait , on tirera de cette contre-épreuve sur pierre autant d'exemplaires que d'un dessin à la plume.

Bien que de cette façon, il ne soit pas possible d'atteindre à la pureté de l'écriture que l'on exécute directement sur la pierre dans mes ateliers, ce procédé n'en présente pas moins de nombreux avantages. S'agit–il d'imiter une écriture cursive, d'obtenir le fac-similé de quelque ancien manuscrit, de multiplier des circulaires, enfin de reproduire des mémoires volumineux dans des affaires de procédures ou d'autres de ce genre, aucun moyen n'est plus prompt, n'est plus sûr que l'autographie, qui conserve à toutes les écritures leur caractère original et primitif.

§. VIII. *Epreuves rehaussées.*

Il existe, surtout en **Allemagne**, beaucoup de feuilles lithographiques couvertes d'une teinte colorée et unie dans laquelle on ménage des lumières, quelquefois aussi ce sont seulement les parties vigoureuses du dessin qui sont légèrement chargées de couleur, tandis que les grandes masses de clarté sont uniquement blanches; de tels effets s'obtiennent par l'emploi d'une seconde planche que l'on fait de la manière suivante :

On tire sur la pierre une contre-épreuve du dessin primitif, ensuite l'on couvre d'encre tout ce qui doit être coloré, et l'on ne laisse à nud que la place des lumières; on ajuste enfin cette seconde planche bien exactement, moyennant des repairs, sur les épreuves de la première, et l'on a le soin de ne la tirer qu'avec de l'encre d'impression de la couleur spéciale que l'on veut donner à l'ouvrage. Il est possible en suivant le même procédé, d'appliquer successivement plusieurs planches sur un seul dessin et d'ajouter ainsi à la richesse de ton, à l'effet général à l'harmonie du tableau.

§. IX. *Gravure sur pierre.*

Tout moyen dont le but est de fixer sur une pierre des lignes ou des points graisseux d'une forme déterminée, donne pour résultat des planches susceptibles de fournir des épreuves lithographiques.

A son origine, le travail à la plume n'étant pas assez perfectionné pour offrir les effets satisfaisans que l'on en obtient aujourd'hui, il fallut recourir à la gravure pour exécuter des détails d'une grande pureté, et d'une scrupuleuse exactitude, tels, par exemple, que ceux qu'exige la topographie.

Voici comment on procédait à ce genre de gravure : on passait sur une pierre polie un mélange d'acide muriatique et d'eau tirant deux degrés de l'aréomètre des acides, on essuyait la pierre avec un linge propre, et l'on étendait dessus une couche très-mince de gomme arabique rougie par un mélange de sanguine , ou noircie de la même manière avec du noir de fumée. Quand cette préparation était sèche , on y décalquait le dessin et l'on en gravait les lignes avec une pointe ou un gratoir d'acier trempé. S'il s'agissait de recommencer une partie faite , l'on y passait un peu d'acide à l'aide d'un pinceau, et l'on y mettait ensuite de la gomme; on pouvait dès-lors travailler de nouveau et obtenir un résultat plus satisfaisant, si toutefois les premiers traits n'étaient pas creusés trop profondément dans la pierre. Lorsqu'on pouvait croire son ouvrage achevé, on en couvrait la surface entière d'encre ordinaire d'imprimeur, de manière à ce qu'elle s'introduisit bien également dans toutes les parties gravées , l'on mouillait ensuite le dessus de la pierre, et, l'on y passait un rouleau d'imprimerie. La dissolution de la gomme s'effectuait à mesure que l'eau y pénétrait, et l'encre qui n'était posée qu'à sa surface, s'attachait au rouleau; de cette façon et au bout de quelques instans , il ne restait de noir que dans les endroits où par l'effet de la gravure, on avait enlevé la gomme et mis la pierre à nud. On conçoit qu'il n'était pas nécessaire que les lignes fussent gravées bien profondément, il suffisait d'avoir tra-

versé l'épaisseur de la gomme et enlevé une
légère poussière de la pierre. S'il arivait que des
parties de la gravure fussent susceptibles de
retouches, on les recouvrait de nouveau, toujours avec de la gomme, mais sans y mêler du
noir. On n'employait qu'une faible teinte de
rouge pour distinguer le travail nouveau, en lais-
sant toute fois la faculté de reconnaître les traces
du premier. Au reste, on y gravait absolument
comme on l'avait fait d'abord, et l'on usait des
mêmes procédés pour introduire l'encre dans les
tailles. Cette opération pouvait se répéter aussi
souvent qu'il en était besoin, et jusqu'à ce qu'on
eût obtenu un résultat satisfaisant.

Mais ce mode était dans son exécution presque
aussi long, presque aussi difficile que la gravure
à l'eau forte; on y a renoncé, et il n'est employé
maintenant que par les personnes qui n'ont que
des connaissances incomplettes dans le travail de
la plume. Le seul cas où l'on peut recourir
encore avec avantage à ce genre de gravure,
c'est lorsqu'il s'agit de tracer des parties extrêmement fines, telles que les ciels et les lointains,
que la plume ne rendrait certainement pas avec
autant de délicatesse : en définitif, cette espèce
de gravure offre de singuliers rapprochemens
avec celle à la pointe sèche sur cuivre.

§. X. *Dessins blancs sur un fond noir.*

Après avoir fait fondre de la gomme arabique dans l'eau et y avoir ajouté une couleur quelconque, on se sert de cette dissolution pour tracer au pinceau ou à la plume, sur une pierre polie et acidulée, en suivant le procédé indiqué dans le chapitre précédent, des lignes, des caractères, des arabesques, des étrusques, etc.

Quand la pierre est sèche, on la recouvre comme celles gravées d'une couche de couleur grasse; on la mouille ensuite et la gomme se dissolvant, le dessin exécuté perce en blanc sur un fond noir.

Les Anglais font usage de ce genre de dessin pour de très-jolies couvertures de livres qu'ils impriment sur papier de couleur. On peut aussi tirer ces planches de telle couleur que ce soit, sur du papier blanc.

§. XI. *Des contre-épreuves.*

Les épreuves des planches de cuivre étant tirées avec de l'encre grasse, il est facile, et cela se conçoit aisément, si l'on veut bien se rappeler les détails dans lesquels je suis entré au chapitre 7, de contre-épreuver sur pierre, les épreuves de ce genre nouvellement tirées, et d'en obtenir ensuite des épreuves lithographiques.

Ce n'est cependant pas sans difficulté que l'on arrive à des résultats purs dans cette opération ; toutefois j'ose dire qu'il m'a réussi de l'exécuter avec une perfection telle qu'on peut à peine établir une différence entre ces contre-épreuves lithographiques et les épreuves gravées. De cette manière, on peut multiplier à l'infini, en leur conservant leur vigueur première, les épreuves d'une planche de cuivre.

La publication des moyens que j'emploie et dont on ne peut faire usage que dans les ateliers de lithographie, ne pouvant guères être utile aux amateurs, et devant préjudicier aux intérêts de plusieurs manufactures, dont l'existence et la prospérité reposent en partie sur le mystère dont ils sont encore enveloppés, je m'abstiendrai de toucher à cette matière délicate, et je me bornerai à offrir mes soins à ceux qui désireraient faire tirer des contre-épreuves litho-graphiques de planches de cuivre.

§. XII. *Lavis lithographique.*

Les différens genres de dessin sur pierre, dont je viens de faire la description, sont plus ou moins connus des lithographes. Malgré les nombreuse ressources qu'ils présentent, il existait encore une assez grande lacune dans leur série, car aucun des moyens précédemment indiqués ne donnait la faculté d'exécuter des teintes légères, telles que des ciels et des lointains. Il fallait renoncer à ces objets d'un effet si remarquable, si nécessaire, ou se borner à de simples traits indicatifs, si l'on ne vouloit courir le risque de voir ces parties devenir ou trop lourdes ou trop noires, ou enfin de perdre la moitié du travail. On regrettait, et non sans raison, l'absence des demi-teintes indispensables à l'harmonie des dessins : le blanc du papier se montrait partout avec une sorte de crudité désagréable ; il était presque impossible de mettre de la couleur et d'observer la dégradation de la lumière et des tons dans les planches lithographiques.

Des études constantes, des essais répétés avec succès m'ont mis à même d'applanir ces difficultés par le nouveau procédé que j'ai découvert en 1819, et auquel j'ai donné le nom de LAVIS-LITHOGRAPHIQUE, à cause de sa ressemblance, dans ses effets, avec les ouvrages de ce genre.

Depuis cette découverte, on s'apercoit de l'amélioration sensible qui s'est opérée dans les produits lithographiques, et c'est surtout dans l'intéressante collection des Souvenirs d'Espagne, de M. le général Bacler d'Albe, et dans l'ouvrage capital de MM. Taylor de Cailleux et Charles Nodier, sur l'ancienne France (1), qu'on peut remarquer les heureux résultats de ce procédé nouveau.

Les ciels et les endroits les plus délicats des dessins, les reflets de la lumière, les tons vaporeux y sont ménagés et rendus avec toute la pureté, toute la légèreté désirables, et il m'est permis de dire que sans l'emploi du procédé que j'ai eu le bonheur de découvrir, on n'aurait jamais obtenu de résultats semblables. C'est donc en lui donnant de la publicité, que je crois acquérir des droits à la bienveillance de ceux qui se livrent à l'étude et à l'exécution du dessin sur pierre.

Les litographes, jaloux d'imiter les lavis à l'encre de la Chine, avaient essayé de divers moyens; ils espéraient arriver au but qu'ils se proposaient d'atteindre, en se servant de l'encre lithographique plus ou moins étendue d'eau : ils ont tous échoué dans leurs tentatives, et cela devait

____

(1) Voyage pittoresque et romantique dans l'ancienne France. Prix de chaque livraison, 15 fr. 50 c., chez *Engelmann*, rue Louis-le-Grand , n° 27.

être ainsi, d'après les raisons que j'ai développés dans le chapitre 6 de cet ouvrage.

Pénétré que j'étais de l'impossibilité d'avoir aucun résultat satisfaisant en suivant cette voie, et persuadé qu'il n'y avait qu'un moyen d'obtenir des effets à peu-près semblables à ceux du lavis, celui de produire sur la pierre des teintes d'un grain fin et égal, dont on pût à volonté augmenter la vigueur, de manière à offrir tous les tons intermédiaires entre le blanc et le noir, je m'appliquai à rechercher les moyens de parvenir à ce point difficile.

Il fallait que la matière dont les teintes devaient se former, fût très-adhérente à la pierre, afin que les points presqu'imperceptibles qui en seraient recouverts, résistassent à l'acide et attirassent la couleur d'impression. Dès lors, je jugeai que c'était d'une encre liquide et noire, et non d'un corps sec tel que les crayons, qu'il fallait se servir. Je remarquai ensuite qu'en faisant usage d'un tampon de peau légèrement chargé d'une couche d'encre, on obtenait sur une pierre préparée pour le crayon un grain très-fin et parfaitement égal. Cet effet est aisé à concevoir : la peau fortement tendue ne peut atteindre le fond de la pierre entre les petites aspérités du grain, elle ne dépose l'encre qu'à leur sommité, et à mesure que l'on augmente l'é-

paisseur de la couche d'encre, que l'on exerce
une plus forte pression du tampon sur les aspérités , celles-ci s'y enfoncent davantage et se
chargent de plus de couleur; mais en même
temps , les aspérités inférieures recueillent aussi
une portion de la couleur, et de cette façon on
obtient une dégradation ou une vigueur pro-
gressive dans les tons.

Mais l'emploi de ce procédé laissait encore
quelque chose à désirer, il ne suffisait pas qu'on
put donner aux teintes la force désirable , dé-
grader à l'aide du tampon les ciels et les autres
parties de ce genre , en appuyant fortement
aux endroits qui devaient être les plus foncés,
et en diminuant la pression à mesure que l'on
approchait des parties lumineuses; il ne suffisait
pas que même avec un petit tampon l'on pût
faire quelques nuages d'une forme vague et
molle ; il fallait pour produire des nuances ar-
rêtées et d'une dimension très-resserrée, préser-
ver la pierre du contact du tampon dans les
endroits où l'on ne voulait pas mettre de couleur. Cela a lieu en interposant, entre le tampon
et la place à ménager, un corps imperméable à la
graisse, la gomme a cette propriété ainsi que je
l'ai expliqué aux chapitres 2, 9 et 10; mais en
l'employant seule, on ne trace que difficilement
des lignes pures sur la pierre lorsque déjà elle

est un peu chargée de graisse. J'ai donc composé pour suppléer à la gomme, une couleur que j'appelle *réserve ;* elle s'étend fort aisément, et les traces formées par elle sont très-visibles à travers le tamponnage le plus foncé.

Après avoir établi ce qui constitue l'aquatinte ou le lavis-lithographique, je dois indiquer quels sont les précautions à observer, les moyens à prendre pour assurer le succès de son travail.

Il faut :

1° Des tampons de différentes grosseurs, garnis d'une peau de gant très-fine, rembourrés de coton, et pourvus d'une manche facile à tenir dans la main;

2° Un bâton d'encre pour le *lavis* lithographique, (je dis *lavis* parce que celle dont on se sert pour le pinceau et la plume n'est point bonne à cet usage, elle n'est pas assez gluante);

3° Un godet de réserve;

4° Un flacon, contenant un mélange d'essence de thérébentine et d'essence de lavande, à-peu-près en égale quantité; la première sèche trop vite, la seconde tient l'encre plus long-tems fraîche et gluante; mais employée seule, elle sécherait trop lentement.

On doit faire d'abord un décalque suivant les procédés indiqués dans le chapitre 3, en ap-

puyant toutefois les traits avec plus de force ;
autrement, il pourrait arriver qu'en appliquant
les premiers tons, le tampon n'arrachât ou ne fît
disparaître les lignes trop faiblement tracées. On
ne peut cependant employer dans ce cas pour le
trait, le crayon ou l'encre lithographiques,
tous les deux étant des corps solubles dans l'eau,
se perdraient en lavant la pierre pour en détacher la réserve. Ainsi, pour obtenir un trait
d'une extrême netteté, comme quand il s'agit de
dessiner un morceau d'architecture, il faut se
servir d'un pinceau ou d'une plume trempés
dans l'encre lithographique délayée avec de l'essence de thérébentine ou de lavande. Le premier
tracé déterminé, on étend à l'aide d'un pinceau
la réserve dissoute dans l'eau, sur la marge de la
pierre et sur toutes les parties du dessin qui doivent rester blanches. Il faut que la couche en soit
assez nourrie pour que l'encre ne puisse pénétrer
nulle part; toutefois il est nécessaire d'éviter
qu'elle soit épaisse au point de former relief,
parce que cela empêcherait le tampon d'approcher immédiatement du bord, et dès-lors il
serait à craindre que les contours ne restassent
mous et indécis.

Cette opération achevée, on verse sur une
palette quelconque ou sur une assiette, quelques gouttes d'essence de thérébentine et de

lavande mêlées, dont on se sert pour délayer le bâton d'encre et l'on ne cesse de frotter le bâton sur la palette, que lorsqu'on a obtenu une couleur noire ayant à-peu-près la même consistance que du miel. On en charge alors, mais en petite quantité, l'un des tampons que l'on appuie contre l'autre à plusieurs reprises et en tout sens, jusqu'à ce que la surface de la peau semble couverte également, et dans toutes ses parties, de la couleur noire. On essaye le tampon ainsi disposé sur une portion de la pierre où il ne doit point y avoir par la suite de travail, ou sur un autre morceau de pierre : il convient qu'il ne laisse après lui qu'une marque légère pour faire les premiers tons et les plus diaphanes. Il y a moins d'inconvénient à ce qu'il n'y ait pas assez d'encre sur le tampon que s'il y en avait trop, car en ce cas, des taches seraient presque inévitables.

Ceux qui ne sont point habiles dans le maniement du tampon, doivent, avant d'en faire usage, s'y exercer sur une pierre inutile, jusqu'à ce qu'ils soient parvenus à faire des teintes bien unies et régulièrement dégradées.

Lorsqu'on a donné sur la pierre quelques coups de tampon, on le frappe sur celui qui a servi à étendre la couche colorée et que l'on tient dans la main gauche. Cette précaution est indispensable , car on conçoit que sans elle le milieu du tampon, dont la couleur s'est détachée sur la pierre, ne marquerait plus , tandis que ses bords qui ne l'ont point touchée, et qui conséquemment sont encore chargés d'encre, pourraient, au moindre coup donné irrégulièrement, produire sur le dessin des cercles noirs qu'il serait presqu'impossible de faire disparaître. Si malgré cette attention, il arrive que le tampon ne laisse plus de teinte sur la pierre , alors on le recouvre légèrement d'encre, en observant le procédé que j'ai indiqué plus haut, et en ne s'en servant qu'après l'avoir toujours préalablement essayé ; du reste, on sent que la pratique, mieux que la théorie, donne dans ces moyens d'exécution les connaissances nécessaires, et si je m'attache à de si minutieux détails, ce n'est que dans l'intention de convaincre ceux auxquels je m'adresse, qu'ils ne sauraient apporter trop de soins et dans leur travail, et dans les préparations qu'il exige : la moindre négligence ne peut que nuire au succès de leur ouvrage.

Je poursuis donc.

Du moment que la teinte forme suffisamment les tons les plus légers , (s'ils doivent rester tels), on les couvre de la réserve ; dès qu'elle est sèche, on recommence le tamponnage afin d'avoir un ton plus vigoureux dans les parties qui le demandent. On le recouvre encore de réserve comme le premier, et l'on continue ainsi à monter progressivement les tons jusqu'au degré de vigueur que l'on desire leur donner. Je dois faire observer qu'il faut laisser aux teintes le temps de sécher avant de passer la réserve dessus, autrement la couleur rouge de la réserve s'attacherait à l'encre trop gluante et laisserait au dessin une nuance rougeâtre qui en rendrait la couleur désagréable et empêcherait d'en voir l'effet.

Si durant le travail, l'encre se dessèche sur la palette, on la détrempe d'un peu d'essence en frottant de nouveau avec le bâton : lorsque l'on travaille à la portée d'un poële ou d'une cheminée, on fera bien d'en approcher de temps en temps la pierre, afin de la chauffer légèrement, par là l'encre et la réserve sèchent plus vîte, et le travail s'en trouve de beaucoup accéléré.

Si, croyant son dessin terminé, ou ne se retrouvant plus dans les tons divers, ou enfin pour tout autre motif, on desire reconnaître l'état au juste du travail, on plonge la pierre dans l'eau, où on la laisse quelques minutes, ou bien l'on en verse dessus à grands flots jusqu'à ce qu'on juge que la réserve soit dissoute ; puis, avec une éponge mouillée on essuye légèrement la pierre jusqu'à ce que la réserve et le noir qui couvrait celle-ci en soient disparus entièrement. A mesure que cette opération approche de son terme, on peut frotter avec plus de force pour détacher absolument toutes les parcelles de noir qui tiendraient encore à la pierre. Si l'on se bornait à la laver seulement avec une éponge, il arriverait sans doute que l'encre qui couvre la réserve et qui s'en détache à mesure que la dernière se dissout, s'attacherait à l'éponge qui en laisserait des traces dans les lieux qui doivent en être préservés : tous les efforts que l'on ferait dans ce cas pour effacer les taches seraient superflus, et n'en produiraient que de nouvelles; enfin l'ouvrage serait entièrement gâté et perdu.

Lorsque la réserve et l'encre sont enlevées, on rince avec soin son éponge dans une eau limpide et l'on relave la pierre, afin de n'y laisser aucun vestige de gomme, car s'il en restait la moindre portion, elle ferait le même effet que la réserve : elle empêcherait les tons nouveaux où la retouche au crayon de se fixer sur la pierre.

Du moment que la pierre est parfaitement sèche, on peut recouvrir les parties du dessin où cela doit avoir lieu, et retamponner celles qu'il faut monter de ton : de cette manière,

on a la faculté de passer des glacis sur l'ensemble, de mettre des détails dans les masses
trop confuses ou trop peu indiquées dans la première opération.

Cette retouche terminée, on lave de nouveau
la pierre comme il a déjà été dit, et au moyen
de ces précautions, il est possible de revenir sur
son dessin autant de fois qu'on le juge néces
saire.

En définitif, après avoir fait du tampon l'u-
sage que l'on a voulu, soit qu'on ait seulement
établi les grandes masses, soit qu'on ait exécuté
les détails, il n'y a point d'inconvénient à se
servir du crayon lithographique, de la plume ou
du pinceau pour terminer son dessin ; on peut
même les employer ensemble, et pour ajouter à
l'effet on peut enlever les lumières au moyen du
gratoir. Tout ce que j'ai dit d'ailleurs des dessins au crayon, s'applique à ceux exécutés par
le lavis.

Mais je dois faire observer que lorsque l'on
a effectué les retouches au crayon, il n'est plus
possible d'y revenir avec la réserve et le tampon,
car le crayon se dissoudrait lorsqu'on laverait
la réserve ; toutefois, avec de l'adresse on peut
ajouter quelques glacis au tampon, en n'appuyant que dans les endroits qui doivent être
colorés. Il y a encore un moyen auquel on peut

recourir, mais je ne l'indique que comme un pis aller, c'est de laisser à jour dans un papier que l'on applique sur la pierre, la place du dessin qui doit être tamponnée. Ce procédé est long, vétilleux, et n'est guère propre à exécuter des formes franches et compliquées.

Sur un fond uni fait au tampon, que l'on dessine un sujet quelconque dont on enlève les lumières avec le gratoir, on obtient les mêmes effets que ceux du dessin sur papier de couleur. Il est aisé d'avoir ainsi des demi-teintes legères que le tirage reproduit presque toujours au mieux, tandis que celles exécutées seulement au crayon ne tiennent que rarement bien. On peut tamponner cette première teinte, de manière à ce qu'elle soit plus foncée dans un endroit que dans un autre, et qu'elle ajoute à l'effet et à l'harmonie de la composition. Il semblerait même qu'il est plus facile de manier le crayon sur une pierre préparée de la sorte que si elle était uniquement blanche.

Un tampon dont on a fait usage pendant un certain temps finit ordinairement par s'encrasser. Il s'y forme de petites élévations de couleur sèche qui font au tamponnement des marques sur la pierre. On doit donc pour les détacher du tampon, le laver avec de l'essence de térébenthine et le racler avec un couteau, et si cela ne suffisait pas, il faudrait en renouveler la peau (1).

Je crois que si l'on observe scrupuleusement les précautions bien simples, mais bien nécessaires, que j'indique dans ce chapitre, on doit arriver, selon le talent que l'on possède dans l'art du dessin, à des résultats aussi satisfaisans qu'il est possible d'en obtenir du lavis lithographique.

§. XIII. *Des moyens d'effacer.*

Si l'on a le désir, ou si l'on est dans la nécessité d'effacer une partie d'un dessin, soit au crayon soit au lavis, pour y redessiner un objet quelconque, l'opération offre quelques difficultés. S'il ne sagissait que d'enlever des traits ou des taches qui se trouveraient dans des endroits blancs, on le ferait aisément sans doute à l'aide du grattoir ; mais l'emploi de cet instrument détruit le grain de la pierre, il y substitue suivant le plus ou le moins de finesse de son tranchant, une surface plus ou moins rayée : or, le dessin

----

(1) Les peaux neuves étant plus souples, produisent un grain plus fin, plus égal, que celles qui sont durcies par l'encre.

qui serait fait sur cette portion ainsi gratée por-
terait l'empreinte de ces raies, et le crayon privé
du grain primitif, ne produirait plus qu'un travail massif, duquel résulteraient inévitablement
des taches au tirage.

En conséquence, si l'on est réduit à grater
quelque partie du dessin, il ne faut recourir à
cette opération que lorsqu'il est terminé, et
avoir bien le soin de n'enlever pas seulement
le crayon , mais encore une légère portion de
la pierre ; sans cette précaution, la substance
grasse du crayon qui s'introduit dans la pierre
repousserait au tirage.

Quand il n'est question que d'éclaircir une
teinte ou un trait trop vigoureux, on se sert
d'une pointe excessivement fine, au moyen de
laquelle, ou l'on divise les points les plus gros
en tachant de les égaliser, pour rendre la teinte
générale plus égale elle-même , ou l'on trace
des lignes assez fines pour n'être point aperçues
à une courte distance , ou enfin l'on exécute un
travail rompu en promenant la pointe en tout
sens (1). C'est surtout dans les ouvrages d'un
fini précieux que l'on use de cette ressource.

Si la partie du dessin que l'on veut corriger

---

(1) Voyez la fig. 11.

ou remplacer, est d'une étendue assez importante, il faut recourir à l'emploi du sable dont
on s'est servi pour donner le grain à la pierre.
On le frotte avec une molette de pierre sur la
place indiquée, jusqu'à ce que le crayon en
soit entièrement effacé : l'on balaye ensuite le
sable, et l'on épouste l'endroit effacé avec un
blaireau. Ce travail demande de l'habitude, car
il arrive fréquemment qu'on donne à cette
partie de la pierre un grain plus ou moins fin
que celui du reste : il convient donc que l'on
s'exerce à cette opération sur des matières inutiles, avant d'entreprendre la correction d'un
ouvrage de prix. La pierre ponce ne peut dans
aucun cas servir à effacer les parties d'un dessin
qu'on voudrait refaire, parce qu'elle a la propriété de polir la pierre.

Le dessin à la plume étant exécuté sur des
pierres polies, l'usage du gratoir, lorsqu'il s'agit
d'effacer, n'offre là aucun inconvénient. Il faut
cependant éviter de le faire entrer trop profondément dans la pierre, car ni le rouleau qui
porte la couleur sur la pierre, ni la pression
qu'exige le tirage ne pourraient atteindre le fond
de la cavité formée par le gratoir. Dès lors il
existerait sur les épreuves des places dépouillées
de couleur, sans qu'il fût possible de remédier à
ce fâcheux résultat.

Enfin, on peut encore avec de l'essence de térébenthine enlever des traits nouvellement faits à l'encre , ils ne reparaissent point au tirage. Cette opération demande autant de délicatesse que de précision, car il est bien aisé d'endommager malgré soi le travail que l'on veut ménager.

§. XIV. *Des retouches.*

Lorsqu'une pierre est préparée à l'acide pour le tirage des épreuves, elle est couverte d'une substance insoluble qui lui donne un aspect jeaunâtre. Cette couche est impénétrable à la matière grasse du crayon, et l'eau fait disparaître aisément tous les traits que l'on trace sur la surface de la pierre ainsi préparée.

Jusqu'à ce moment, différens procédés avaient été mis en œuvre pour enlever ce corps insoluble sans altérer le dessin. On regrettait la presqu'impossibilité où l'on était de retoucher une pierre du moment qu'elle avait reçu la préparation qu'exige le tirage, ou au moins de ne faire cette opération qu'avec une extrême incertitude.

Désireux de suppléer à cette lacune qu'offraient encore les moyens d'exécution en lithographie, elle est devenue l'objet unique, l'objet constant de mes observations, et je suis enfin parvenu à remettre les pierres dans l'état où elles étaient avant le tirage, à les rendre propres à toutes les retouches possibles, et à recevoir toutes les additions que les dessinateurs voudraient faire à leurs ouvrages.

Mais il me sera permis de me taire sur les moyens que j'emploie. Je ne puis qu'offrir mes soins à ce sujet, à ceux qui voudront en faire usage ; il est nécessaire que je sois averti quelques jours d'avance pour repréparer une pierre et la mettre en état d'être retouchée.

Ici se termine la tâche que je m'étais imposée ; j'ai voulu, en donnant des détails clairs et positifs et en indiquant des moyens faciles, aider ceux qui s'occupent spécialement de lithographie ; j'ai cherché, en signalant le mal, à fournir le remède ; peut-être y suis-je parvenu. Je n'ai pas besoin, je le pense, de dire que je n'ai point eu la prétention de faire un ouvrage brillant d'érudition, et de toute la pompe du style. A la simplicité du mien, on reconnaîtra aisément que je me suis plus occupé du fond que des ornemens. Je me suis efforcé d'exprimer mes pensées avec clarté ; voilà tout. Heureux si j'ai toujours été bien compris, et si surtout l'on rend justice à l'intention dans laquelle j'ai composé ce modeste manuel.

Je recevrai au reste avec reconnaissance , toutes les observations utiles que l'on sera dans le cas de m'adresser sur mon travail. Je le rectifierai s'il y a lieu ; je donnerai toutes les explications qui pourront développer les procédés que j'aurais indiqués d'une manière obscure , enfin, je continuerai mes recherches, mes études, afin d'ajouter, s'il est nécessaire, un supplément à ce premier essai.

FIN.

Imprimerie de GOETSCHY , rue Louis-le-Grand , n° 27.

TABLE

DES MATIÈRES.

FIN DE LA TABLE.

Explication
des planches qui accompagnent ce Manuel

Echelle de 2 pieds.

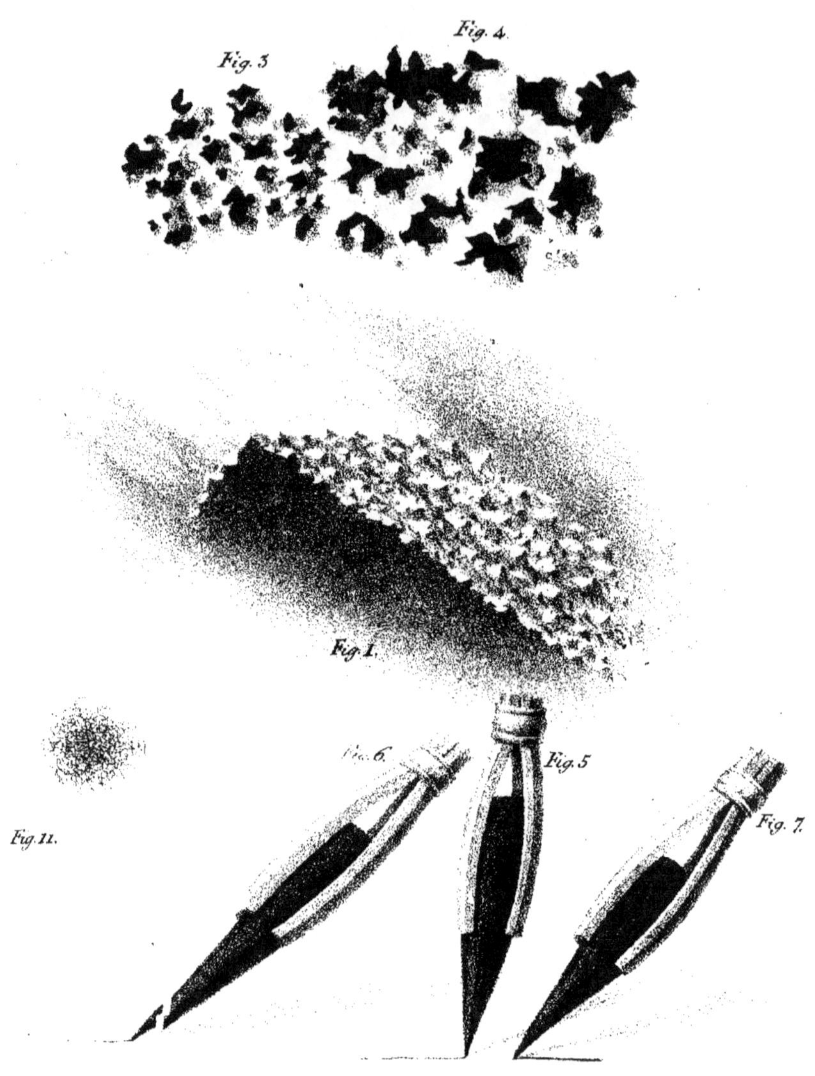

Fig. I. Fragment de pierre grainée, éclairé de la manière la plus propice, pour distinguer la nature du grain, vu au microscope. (v. P. 42.)

Fig. 3. Effet d'un dessin, fait avec un crayon effilé, vu au microscope

" 4. id ..... id .... avec un crayon émoussé, ... id ..... } (v. P. 55.)

Fig. 5. 6. 7. Position du crayon pour en éviter la rupture. (v. P. 56.)

Fig. 11. Moyen de gratter. (v. P. 83.)

Effet d'un dessin lavé avec de l'encre
lithographique (Page 58.)

Effet d'un dessin à la plume, dont les tons
clairs ont été faits avec de l'encre étendue d'eau
(Page 58 et 59.)

a. Taches causées par les pellicules
des cheveux (P. 45) b. trait trop fort
à la mine de plomb, resté en blanc (P. 48)
c. taches de salive (P. 44.) d. endroit
gratté et redessiné par-dessus (P. 82.)

e. partie effacée à la Gomme
élastique (P. 47.) f. partie effacée
à la mie-de-pain. (P. 47.) g. taches
causées par des doigts gras (P. 44.)

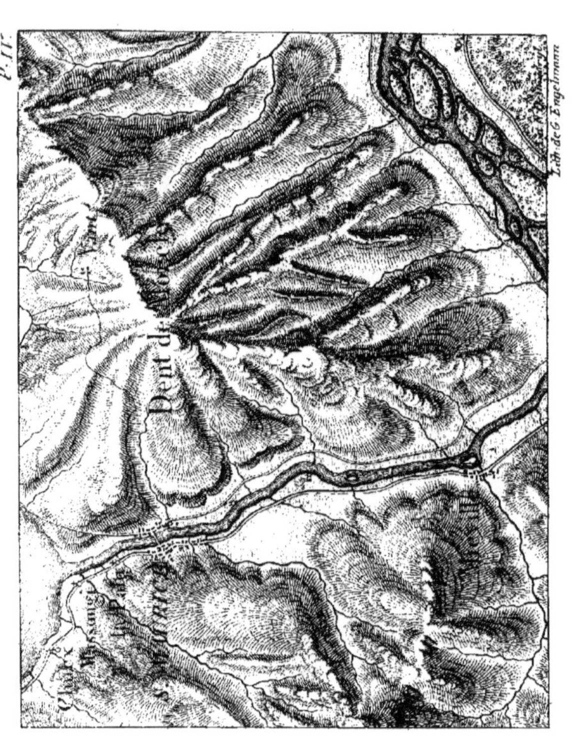
P. II.
Dent du
Lith. de G. Engelmann

Pl. V.
Lith. de b. Engelmann.

Lith. de G. Engelmann.

§ sy mon amour ce gouuernoyt selon
les ocassyons que lon man donne, vous
receuryès de moy une aussy froyde
reponce, quiont esté les deus lettres §
que fay receues de vous; Je ne lesse §
pas de man playndre, et certe Je §
nauoys pas deseruy cela des vous §
pour ce que ma aporte naus, yl vous
an fera la responce plus pleyne §
damour peutestre que Je ne doys,
le soumeyl me fayt remettre letout
sur luy, et fynyr vous besant §
un myllyon de foys les mayns, ce §
XIII.me octobre §

Lith. de C. Engelmann.

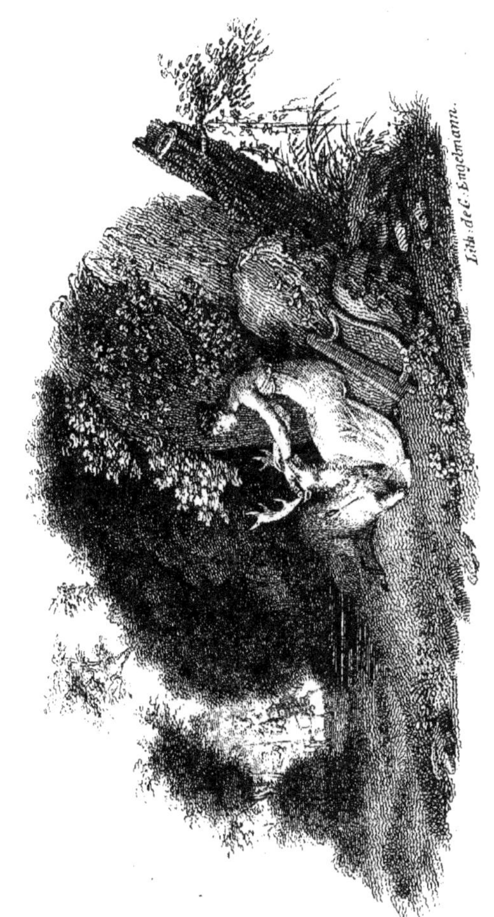

P. XI.
Lith. de G. Engelmann.

Lith. de G. Engelmann.

Lith de G. Engelmann

9 782329 770765